Der Streit um die Krefelder Fronleichnamsprozession

Volker Speth

Der Streit um die Krefelder Fronleichnamsprozession

Ein lokaler Kulturkampf im 19. Jahrhundert

Bibliografische Information der Deutschen Nationalbibliothek
Die Deutsche Nationalbibliothek verzeichnet diese Publikation
in der Deutschen Nationalbibliografie; detaillierte bibliografische
Daten sind im Internet über http://dnb.d-nb.de abrufbar.

ISBN 978-3-631-78775-5 (Print)
E-ISBN 978-3-631-78787-8 (E-PDF)
E-ISBN 978-3-631-78788-5 (EPUB)
E-ISBN 978-3-631-78789-2 (MOBI)
DOI 10.3726/b15546

© Peter Lang GmbH
Internationaler Verlag der Wissenschaften
Berlin 2019
Alle Rechte vorbehalten.

Peter Lang – Berlin · Bern · Bruxelles · New York ·
Oxford · Warszawa · Wien

Das Werk einschließlich aller seiner Teile ist urheberrechtlich
geschützt. Jede Verwertung außerhalb der engen Grenzen des
Urheberrechtsgesetzes ist ohne Zustimmung des Verlages
unzulässig und strafbar. Das gilt insbesondere für
Vervielfältigungen, Übersetzungen, Mikroverfilmungen und die
Einspeicherung und Verarbeitung in elektronischen Systemen.

Diese Publikation wurde begutachtet.

www.peterlang.com

Für Elke und Fabia

Zusammenfassung

In der ersten Hälfte des 19. Jahrhunderts bemühte sich der Krefelder katholische Pfarrer Reinarz gemäß dem Wunsch der katholischen Bevölkerungsmehrheit um die polizeiliche Erlaubnis zur alljährlichen Durchführung einer öffentlichen Fronleichnamsprozession in der Stadt Krefeld, die seit über 200 Jahren verboten war. Mehrere Versuche scheiterten am Widerstand des Bürgermeisters, des Landrats und der preußischen Regierung, welche damit die sozialpolitischen Herrschaftsinteressen der protestantischen städtischen Führungsschicht auch auf religiös-kultischem Gebiet vertraten und verteidigten. Erst die Revolution von 1848/49 und die Religionsartikel der preußischen Verfassung vom 5. Dezember 1848 ermöglichten 1849 die erstmalige Prozessionsabhaltung. Dadurch dass die langjährige Gegenwehr auf eine Säkularisierung des öffentlichen Raums mittels seiner Freihaltung von Gottesdiensten abzielte und in einem Antiklerikalismus, der wiederum in einem latenten Antikatholizismus wurzelte, mitbegründet lag, gewannen die Auseinandersetzungen den Charakter eines lokalen Kulturkampfes in der Reihe der vielen Kulturkämpfe des 19. Jahrhunderts.

Abstract

In the first half of the 19th century, the Krefeld Catholic parish priest Reinarz, in accordance with the wishes of the Catholic majority of the population, sought police permission to carry out an annual public Corpus Christi procession in the city of Krefeld, which had been banned for over 200 years. Several attempts failed because of the resistance of the mayor, the district administrator and the Prussian government, which thus represented and defended the sociopolitical interests of the Protestant urban ruling class also in the field of religion. Only the revolution of 1848–49 and the religious articles of the Prussian constitution of 5 December 1848 enabled the first procession in 1849. As the long-standing resistance was aimed at secularizing the public space by keeping it free from worship services and was partly founded in an anticlericalism, which in turn was rooted in a latent anti-Catholicism, the conflicts gained the character of a local cultural struggle in the series of the many cultural struggles of the 19th century.

Inhaltsverzeichnis

1. Einleitung 13
2. Erster vergeblicher Versuch 19
3. Zweiter vergeblicher Versuch 33
4. Weitere vergebliche Bemühungen 41
5. Endlicher Erfolg in der Revolution von 1848/49 53
6. Schlussüberlegungen 65
Quellenanhang 71
Quellen- und Literaturverzeichnis 101

1. Einleitung

Die vorliegende kleine Studie thematisiert den langen Kampf um die Etablierung einer alljährlichen Fronleichnamsprozession im öffentlichen Raum der Stadt Krefeld während der ersten Hälfte des 19. Jahrhunderts[1] und interpretiert die Aus-

---

1 Vgl. dazu auch: S. Peglow: Die Krefelder Fronleichnamsprozession, S. 185–203; R. Besouw: Johann Heinrich Gottfried Reinarz, Oberpfarrer und Landdechant in Krefeld (1796–1875), S. 173–176; Ders.: Johann Heinrich Gottfried Reinarz, Oberpfarrer von St. Dionysius von 1825 bis 1863, S. 356–359. Der letztgenannte Aufsatz von R. Besouw ist eine Kurzfassung seines zuvor genannten und enthält keine Quellen- und Literaturangaben. Nachfolgende Zitierungen beziehen sich deshalb immer auf den ersteren. S. Peglow und R. Besouw haben allerdings die einschlägigen Quellen im früheren Hauptstaatsarchiv Düsseldorf, das im heutigen Landesarchiv NRW Abteilung Rheinland aufgegangen ist, und im Geheimen Staatsarchiv Preußischer Kulturbesitz in Berlin nicht ausgewertet.
Allgemein zum rheinischen Prozessionswesen im 19. Jahrhundert vgl. L. Krull: Prozessionen in Preußen; A. Heinz: Die sonn- und feiertägliche Pfarrmesse im Landkapitel Bitburg-Kyllburg, S. 129–179; V. Speth: Katholische Aufklärung und Ultramontanismus, Religionspolizey und Kultfreiheit, Volkseigensinn und Volksfrömmigkeitsformierung, Teil 1, 2. Aufl., S. 158–311.
Gregor Schwamborn (1876–1958), ehemaliger Pfarrer an St. Dionysius und Stadtdechant, hat wohl auf der Grundlage der Akten des – im 2. Weltkrieg freilich verbrannten – Pfarrarchivs von St. Dionysius einige wichtige Quellen zur Krefelder Fronleichnamsprozession in einer 16-seitigen, nicht datierten, wohl 1929 erschienenen Broschüre ‚Zum 80jährigen Bestehen der Krefelder Fronleichnamsprozession' zusammengestellt und in freilich modernisierter Schreibung drucken lassen. Das

einandersetzungen als lokaler Kulturkampf, der wesentlich von den innerstädtischen sozialpolitischen, ökonomischen und konfessionellen Gegensätzen und Spannungen angefacht wurde.

In den Anfangsjahren der preußischen Herrschaft am Rhein, die staatsrechtlich gesehen mit den Besitzergreifungspatenten des preußischen Königs vom 5. April 1815 begonnen hatte,[2] gab es in Krefeld aufgrund eines Verbots der Stadtbehörden im Gegensatz zu den meisten anderen rheinischen Städten schon seit mehr als 200 Jahren keine regelmäßige, öffentliche, außerhalb des Kirchengebäudes abgehaltene Fronleichnamsprozession mehr. Die Initiative zur Änderung dieses Zustandes ging von Oberpfarrer und

---

Stadtarchiv Krefeld besitzt ein Exemplar dieses offenbar wenig verbreiteten, da im Verbundkatalog des Hochschulbibliothekszentrums NRW nicht nachgewiesenen Privatdrucks.
Die Wiedergabe der Quellen beruht durchgängig auf der eigenen Transkription des Autors, auch derjenigen Quellen, die in der Schwamborn'schen Quellensammlung enthalten sind. Anders als diese sucht die eigene Transkription den Buchstabenbestand der Vorlage zu wahren und hat nur die Groß- und Kleinschreibung, die Getrennt- und Zusammenschreibung sowie die Zeichensetzung vorsichtig modernisiert.
Der Autor möchte an dieser Stelle ausdrücklich den Mitarbeitern des Stadtarchivs Krefeld für ihre ausgeprägte Auskunfts- und Hilfsbereitschaft danken. Dem Leiter des Stadtarchivs Krefeld, Herrn Dr. Olaf Richter sei für manchen freundlichen Hinweis und Herrn Prof. B. Schneider von der Theologischen Fakultät Trier für die Übernahme der vom Verlag veranlassten Begutachtung des Manuskripts gedankt. Gewidmet ist diese Studie wie immer meiner Frau und meiner Tochter.

2 Vgl. W. Gerschler: Das preußische Oberpräsidium der Provinz Jülich-Kleve-Berg, S. 20; M. Bär: Die Behördenverfassung der Rheinprovinz seit 1815, S. 86.

Dechant Johann Heinrich Gottfried Reinarz (1796–1875)[3] aus, der von 1825 bis zu seiner Berufung ins Kölner Domkapitel im Jahr 1863 als Pfarrer von St. Dionysius amtierte, der bis 1869 einzigen Krefelder Pfarrkirche[4]. Er war eine allseits imponierende und achtunggebietende Persönlichkeit mit autoritären und paternalistischen Zügen, welche die Krefelder Pfarr- und Stadtgeschichte im 19. Jahrhundert nachhaltig prägte. An sich Hermesianer, also ein Vertreter der kirchenreformbedachten katholischen Spätaufklärung, war er doch ein entschiedener Verteidiger der kirchlichen Gerechtsame und gerade in der Mischehenfrage ein Verfechter der strengkirchlichen Mischehendisziplin. Sein hartnäckiger Einsatz zugunsten der Fronleichnamsprozession erklärt sich aus der Bedeutung, welche diese im katholischen Frömmigkeitsleben und im liturgischen Jahresfestkreis besaß.[5] Sie war als die mit Abstand wichtigste theophorische oder eucharistische

---

3 Zu dessen Person und Amtstätigkeit vgl. R. Besouw: Johann Heinrich Gottfried Reinarz; K. Vosen: Die katholische Kirche und die Altkatholiken in Alt-Krefeld, S. 187–210; H. Schrörs: Hermesianische Pfarrer, S. 94 f., 118 f. u. 136–147.

4 Die St.-Stephans-Kirche und die Liebfrauenkirche, die schon 1859 bzw. 1860 dem Gottesdienstgebrauch übergeben worden waren, waren zunächst Filialkirchen von St. Dionysius und wurden erst 1869 zu selbständigen Pfarrkirchen erhoben. Vgl. K. Vosen: Die katholische Kirche und die Altkatholiken in Alt-Krefeld, S. 208 u. 257.

5 Vgl. zum Folgenden D. Moser: Jahreslauf und Feste, S. 396–402; P. Browe: Die Entstehung der Sakramentsprozessionen, S. 468 ff.; D. Weiß: Prozessionsforschung und Geschichtswissenschaft; J. Hafner: Monstranz – Gott zeigen; A. Heinz: Die sonn- und feiertägliche Pfarrmesse im Landkapitel Bitburg-Kyllburg der alten Erzdiözese Trier, S. 165–174; S. Felbecker: Die Prozession, S. 174–336; H. auf der Maur: Feiern im Rhythmus der Zeit I, S. 199–207.

Prozession dadurch gekennzeichnet, dass bei ihr das Allerheiligste, der Leib Christi in Gestalt einer konsekrierten Hostie, in einem tragbaren, meist reich geschmückten Schaugefäß, der Monstranz, von einem Priester unter einem Baldachin, dem sog. (Trag-)Himmel, durch den Pfarrort getragen wurde, sodass sie gewissermaßen eine ausgedehnte Hostienelevation auf offener Straße darstellte. Die in der Regel im Anschluss an eine Messe abgehaltene Prozession diente auch der Selbstdarstellung der lokalen Korporationen (z. B. Zünfte, Bruderschaften, Schulen, Stadtrat) und zeichnete sich durch eine strenge Ordnung aus, welche die örtliche Gesellschaftshierarchie widerspiegelte, insofern der zugewiesene Platz in der Prozession, speziell die Nähe zum Allerheiligsten, dem sozialen Rang im Gemeinwesen entsprach. An versammlungsgeeigneten markanten Punkten des Orts wurde an provisorischen Altären, entsprechend den Himmelsrichtungen üblicherweise vier, Station gehalten, dort die Anfänge der vier Evangelien verlesen und der sakramentale Segen erteilt. Der mittelalterlichen anbetungs- und schaugeprägten Eucharistiefrömmigkeit auf der dogmatischen Grundlage der Lehre von der Realpräsenz Christi in den verwandelten eucharistischen Gestalten Brot und Wein entsprungen, setzte sich das auf den Donnerstag nach dem Dreifaltigkeitssonntag terminierte Fronleichnamsfest mit seinem das äußere Erscheinungsbild bestimmenden Kernelement, der Fronleichnamsprozession, bis zum 15. Jahrhundert als ein von der ganzen Kirche gefeiertes Fest zu Ehren des Altarsakraments allgemein durch. In Reaktion auf ihre entschiedene Ablehnung durch die Reformatoren wurde die Prozession vom Konzil von Trient (1545–1563) mit gegenreformatorischem Impetus als rituelle Verkündigung und Apologie der katholischen Eucharistielehre (realpräsentische Gegenwart Christi in der Hostie als Folge der Transsubstantiation) bestätigt. In der Folgezeit wurde sie durch Blumenschmuck, Sänger-, Musikanten-

und Schützenbegleitung, Figuren-, Fahnen- und Reliquienmitführung sowie durch dramaturgische Inszenierungen von biblischen Geschichten und Gestalten noch feierlicher volksfestartig ausgestaltet, wodurch sie den Charakter einer ‚demonstratio catholica' erhielt, also eines bekenntnisfreudigen konfessionellen Identitätsstiftungs-, Repräsentations- und Demarkationskults mit einem gegen die Sakramentsstürmer und Transsubstantiationsleugner gerichteten polemisch-triumphalistischen Grundton. Viele Protestanten nahmen an den Fronleichnamsprozessionen Anstoß, weil sie dieses publikumswirksame, sinneansprechende, theaterförmige, pomphafte, lautstarke, konfessorische ‚Sakralspektakel' verdächtigten, durch die öffentliche Zurschaustellung und Herumführung des auferstandenen Christus als Triumphator und Weltenherrscher den Sieg der wahren Lehre und Kirche über die Ketzerei feiern zu wollen, eine besitzergreifende Okkupation des öffentlichen Raums zu bezwecken und eine provokative antiprotestantische Kundgebung zu beabsichtigen. Für zwischenkonfessionelle Konflikte sorgte außerdem das häufige Verlangen der Prozessionsteilnehmer, dass auch die dem Prozessionszug zuschauenden Protestanten als Zeichen der Reverenz den Hut abnehmen oder gar vor der vorbeiziehenden Monstranz niederknien, was protestantischerseits als unerträgliche Zumutung eines Götzendienstes empfunden wurde.

2. Erster vergeblicher Versuch

Die Bemühungen des Krefelder Pfarrers Reinarz um die polizeiliche Genehmigung einer alljährlichen Fronleichnamsprozession fanden Anfang 1829 ihren ersten Niederschlag in einer an den Krefelder Bürgermeister Leysner gerichteten Bitte des Landrats Melsbach, zu einem an die Regierung Düsseldorf adressierten Gesuch der katholischen Gemeinde Krefelds *auf Gestattung eines feierlichen Umzugs durch die hiesige Stadt*, womit nur die Fronleichnamsprozession als die wichtigste liturgische Prozession im katholischen Kirchenjahr gemeint sein kann, Stellung zu nehmen.[6] In seinem Ant-

---

6 Der Landrat von Krefeld, Melsbach, an den dortigen Bürgermeister Leysner am 4. Januar 1829 (StAKr, Bestand 3 Nr. 486): *Nach einer mir durch die Königl. Regierung gemachten Mittheilung ist von Seiten der hiesigen katholischen Gemeinde auf Gestattung eines feierlichen Umzuges durch die hiesige Stadt resp. Gemeinde angetragen worden und [es] wünscht die Königl. Reg. von mir darüber Bericht zu erhalten, ob es unter den jezigen Umständen angemessen seyn werde, eine Ausnahme von der Bestimmung des § 45 der Organischen Artikel vom 18. Germinal Jahres 10 zu machen. Zugleich soll ich im Falle [daß] ich mich für die Bewilligung des Antrages ausspräche, die Straßen bezeichnen, durch welche die Prozession gestattet werden könnte und etwaige besondere polizeyliche Bestimmungen, die dann hier für nöthig erachtet würden, angeben. Indem ich Ihnen dieses hiermit ganz vertraulicher Weise mittheile, wünsche ich in ähnlicher Weise Ihre Meinung über diesen Antrag der Katholiken hier zu erfahren, und ersuche ich Sie demnach, mir solche freimüthig zukommen zu lassen, indem Sie darauf rechnen können, daß ich solche für mich behalten werde. Überhaupt ist es meiner Ansicht nach zweckmäßig und nöthig, daß der Inhalt*

wortschreiben[7] widersetzte sich der Bürgermeister Leysner, welcher evangelischer Konfession war und einer „eindeutig der Krefelder Oberschicht" angehörenden Familie entstammte,[8] dem Ansinnen der katholischen Gemeinde und verteidigte den Status quo mit einer Vielzahl von Rechtsnormen und Gründen, die nun im Folgenden referiert und analysiert werden sollen. Einmal berief er sich auf zwei Kabinettsbefehle des preußischen Königs Friedrich II., auch der Große genannt, in welchen dieser die bisherigen Diskriminierungen der Krefelder Katholiken, die inzwischen mehr als die Hälfte der Stadtbevölkerung stellten, im Rahmen seiner Toleranzpolitik gelindert, aber nicht ganz beseitigt hatte. Zunächst gestattete die königliche Kabinettsorder vom 21. Dezember 1743 der katholischen Gemeinde Krefelds, in einem eigenen, neu zu errichtenden Schulhaus Gottesdienst mit den üblichen katholischen Zeremonien und Utensilien zu halten, hielt jedoch das Verbot der öffentlichen Religionsausübung außerhalb der zum Gottesdienst bestimmten Gebäude aufrecht. Unter anderem durften keine Prozessionen in der Stadt oder in deren unmittelbarer Umgebung veranstaltet werden und Versehgänge, bei denen ein Priester das Abendmahl zu einem Todkranken bringt, mussten unscheinbar in aller Stille dergestalt stattfinden, dass die Hostien unter einem Mantel zu verbergen waren, der Priester nicht durch einen Küster oder Messdiener begleitet werden durfte und niemand durch Klingelzeichen zur Devotionsbekundung aufgefordert werden durfte. Die nachfolgende Kabinettsorder vom 30. Mai 1749

---

gegenwärtiges Schreiben[s] jedenfalls ein Geheimniß unter uns bleibe und noch nicht zur Kunde des Publikums komme.
7 Der Bürgermeister von Krefeld an den dortigen Landrat am 8. Januar 1829 (StAKr, Bestand 3 Nr. 486. Siehe Quelle Nr. 1 im Quellenanhang).
8 W. Stratmann: Politik und Verwaltung in Alt-Krefeld, S. 101.

gewährte der Krefelder katholischen Gemeinde das Recht zum Bau einer eigenen Kirche, bekräftigte allerdings die Untersagung der Religionsausübung im öffentlichen Raum, einem Kernelement der Religionsfreiheit.[9]

Als weitere Rechtsgrundlage zur gewünschten Bewahrung dieses Zustandes in Krefeld diente dem Krefelder Bürgermeister eine Bestimmung der Organischen Artikel von 1802[10]. Deren Artikel 45[11] untersagte nämlich, in Städten mit mehreren, konfessionsverschiedenen Kirchen außerhalb der Kirchengebäude religiöse Kulte oder Zeremonien zu vollziehen, wie z. B. Wallfahrten, Prozessionen, Leichenzüge, beschränkte also in gemischtkonfessionellen Ortschaften die öffentliche Religionsausübung auf den Kircheninnenraum. Zum besseren Verständnis dieses vorgebrachten Rechtsarguments soll im Folgenden der historische Hintergrund etwas näher beleuchtet werden. Die Organischen Artikel hatten das im Jahr zuvor geschlossene Konkordat Napoleons mit

---

9   Vgl. zu diesen Vorgängen auch D. Hangebruch: Krefeld unter oranischer und unter preußischer Herrschaft, S. 167–170; F. Deisel: [Kirchen, Konfessionen, religiöses Leben in] Alt-Krefeld, S. 48–50.

10 Text: F. Hermens [Hrsg.]: Handbuch der gesammten Staats-Gesetzgebung, Bd. 1, S. 481–527 (franz. Original mit Erläuterungen); H. Lentz: Die Konkurrenz des französischen und preußischen Staatskirchenrechts 1815–1850, S. 207–239 (dt. Übersetzung mit Erläuterungen).

11 *Aucune cérémonie religieuse n'aura lieu hors des édifices consacrés au culte catholique dans les villes où il y a des temples destinés à différens cultes.* – In der deutschen Übersetzung von H. Lentz: *In den Städten, in denen sich Kirchen verschiedener Konfessionen befinden, dürfen religiöse Feierlichkeiten außerhalb der zum katholischen Gottesdienst bestimmten Gebäude nicht stattfinden.*

dem Papst[12] in einer Art Appendix einseitig interpretiert, ergänzt und korrigiert, und zwar ganz in der Tradition des Gallikanismus zugunsten einer Betonung der staatlichen Kirchenhoheit (z.B. staatlicher Billigungsvorbehalt für päpstliche Dekrete, Erfordernis der staatlichen Zustimmung für die Abhaltung von Synoden, Möglichkeit zur Appellation an die Staatsgewalt gegen kirchliche Anordnungen, Disziplinarmaßnahmen und Gerichtsurteile). Zwar galten die Organischen Artikel im Linksrheinischen, das ja in Napoleonischer Zeit in Gefolge des Friedensschlusses von Lunéville von 1801 staatsrechtlich anerkanntermaßen integrierter Bestandteil des französischen Staatsgebiets gewesen war, im Prinzip auch nach der preußischen Annexion des Rheinlandes fort; aber viele Bestimmungen wurden bereits in französischer Zeit nicht angewandt oder aufgehoben, andere waren im preußischen Rheinland von vornherein gegenstandslos oder gerieten allmählich in Vergessenheit, wieder andere wurden im Laufe der Zeit durch anderslautende preußische Bestimmungen ersetzt.[13] Artikel 45 nun, auf den sich wie gesagt der Bürgermeister berief, war im Linksrheinischen gewohnheitsrechtlich schon in französischer Zeit weitgehend und in preußischer Zeit flächendeckend außer Gebrauch gekommen, zumal er konfessionell homogene und heterogene Orte verschieden behandelte und daher mit dem Gebot der Rechtsgleichheit kollidierte.[14] Als sich ein Konsistorialpräsident über die Verletzung des besagten Artikels beschwerte, weil eine katholische Prozession an einer lutherischen Kirche

---

12 Vgl. dazu A. Roth: Das Konkordat von 1801.
13 Vgl. H. Lentz: Die Konkurrenz des französischen und preußischen Staatskirchenrechts, S. 204–239.
14 Vgl. H. Lentz: Die Konkurrenz des französischen und preußischen Staatskirchenrechts, S. 226; F. Hermens [Hrsg.]: Handbuch der gesammten Staatsgesetzgebung, Bd. 1, S. 499 f.

zu einer Zeit vorbeizog, als dort Gottesdienst gehalten wurde, entgegnete ihm 1808 der französische Kultusminister, dass ein völliges Prozessionsverbot gegen das Gebot der Kultusfreiheit verstoße und einer Störung des Gottesdienstes auf andere Weise vorgebeugt werden könne und müsse.[15] Aber rein formal gesehen blieb besagter Artikel auch noch in preußischer Zeit im linksrheinischen Gebiet unverändert rechtskräftig und konnte im Prinzip bei Bedarf geltend gemacht werden. So war die Aussage des Bürgermeisters, Artikel 45 bestehe *bis auf den heutigen Tag noch in voller Kraft*, in der Rechtstheorie richtig, aber in der Rechtsrealität falsch. Dass der Bürgermeister auf eine außerhalb Krefelds mittlerweile obsolet gewordene Rechtsbestimmung rekurrierte und damit gewissermaßen für Krefeld ein Ausnahmerecht und eine Sonderstellung im Rheinland reklamierte, offenbart die Intensität seines damit verfolgten Bestrebens, unbedingt die Institutionalisierung einer Fronleichnamsprozession an seinem Amtssitz zu verhindern.

Die weiteren Ausführungen des Bürgermeisters enthüllen als ein Motiv eine starke Antipathie gegenüber dem katholischen Klerus der Stadt, welche in einem tiefsitzenden Misstrauen gegenüber dessen eigentlichen Absichten und in der Empfindung wurzelte, dass der Klerus bei seiner Pastoration ohne Rücksicht auf *Bürgerthum und Humanität* agiere. So witterte der Bürgermeister hinter dem Gesuch auf Gestattung der Fronleichnamsprozession die finstere Absicht der katholischen Geistlichen, *jene stolzen Anmaßungen des Clerus zu befördern, die sie in der gegenwärtigen Zeit so kühn zu entfalten und zu behaupten suchen, um den Protestantismus immer*

---

15 Das Antwortschreiben des französischen Kultusministers ist abgedruckt in: F. Hermens [Hrsg.]: Handbuch der gesammten Staatsgesetzgebung, Bd. 1, S. 500.

mehr zu bekämpfen und denselben aller Rechte zu berauben. Das Trachten nach einer Fronleichnamsprozession dünkte ihm ein berechnend kalkuliertes und schlau inszeniertes *Manöver* des Klerus mit dem alleinigen Ziel, ohne Rücksicht auf den Stadtfrieden einen Sieg für die katholische Kirche zu erstreiten und der evangelischen Kirche eine Niederlage beizubringen: *Das ganze Manöver hat, je länger ich darüber nachdenke, keinen anderen Zweck, als von Seiten der Geistlichen den offenen Beweis zu führen, daß die katholische Religion, wenn sie sich auch lange vernünftige Beschränkungen hat gefallen lassen müssen, dennoch siegreich aus dem stets bereiten Kampfe hervorgehen müsse. Für sie ist das immer ein Gewinn, wenn auch der Friede einer ganzen Gemeinde darüber zu Grunde geht.* Der Bürgermeister konnte also hinter dem Antrag auf Genehmigung einer Fronleichnamsprozession keine genuin religiöse Motivation erkennen, sondern betrachtete ihn als rein instrumentelles Mittel zum Zweck, den er in einer erfolgreichen Bekämpfung und Übermächtigung des Protestantismus verortete. Für ihn war die Prozession kein Primärziel, sondern ein Medium zur Herrschaftsgewinnung und -demonstration; er interpretierte das Ansinnen der katholischen Geistlichkeit allein als Ausdruck klerikaler Herrschsucht, konkret als versuchter Griff nach der Stadtherrschaft; er imaginierte die ganze Auseinandersetzung um die Fronleichnamsprozession als einen vom katholischen Klerus angezettelten, gegen die evangelische Kirche gerichteten Machtkampf; kurzum entwickelte er, indem er gemäß der konspirationistischen Maxime ‚Es ist nicht so, wie es scheint' eine verborgene sinistre Zielsetzung hinter der religiösen Fassade postulierte, eine veritable stadtbezogene Verschwörungstheorie[16], die ein lokales klerikales Komplott

---

16 Zum verschwörungstheoretischen Denken vgl. u. a. M. Butter: „Nichts ist, wie es scheint"; K. Hepfer: Verschwörungs-

behauptete. Als weiteren Ausdruck und Beleg für die von ihm diagnostizierten Hegemonieambitionen und Anmaßungen des Klerus beklagte er den *Übermuth der katholischen Geistlichen in der hiesigen Gemeinde, die unaufhörlich bemüht sind, […] das gegenseitige Vertrauen in den Familien und zwischen Ehegatten, die durch die engsten und heiligsten Bande vereinigt sind, zu stören.* Damit spielte der Bürgermeister auf die katholische Mischehendisziplin an, gemäß welcher beide bikonfessionellen Brautleute als Vorbedingung für eine katholische Trauung die katholische Erziehung ihrer sämtlichen künftigen Kinder versprechen mussten und der katholische Ehepartner die Sakramente, insbesondere das Abendmahl und Absolution, verweigert bekam, wenn er nicht im Rahmen seiner rechtlichen und moralischen Einflussmöglichkeiten für die katholische Erziehung seiner Kinder sorgte. Pfarrer Reinarz nahm in der Mischehenfrage eine strengkirchliche Haltung ein, indem er durch individuelle pastorale Einwirkung, vor allem im Beichtstuhl, das Eingehen von Mischehen zu vereiteln trachtete, bei Verweigerung des erwähnten Versprechens eine katholische Mischeheeinsegnung versagte, wortbrüchige Katholiken nachdrücklich an ihr Versprechen erinnerte und sie im Falle der Gehorsamsverweigerung als Abtrünnige behandelte.[17] Durch diese *unduldsame Handhabung* sah der Bürgermeister *das ruhige und ungestörte Zusammenleben gemischter Confessionen an einem und demselben Orte der zu einem gemeinschaftlichen Zwecke verbundenen Bürger unmöglich* gemacht.

---

theorien, 2. Aufl.; W. Wippermann: Agenten des Bösen; U. Caumanns/M. Niendorf [Hrsg.]: Verschwörungstheorien; H. Reinalter [Hrsg.]: Verschwörungstheorien; D. Pipes: Verschwörung.

17 Vgl. R. Besouw: Johann Heinrich Gottfried Reinarz, S. 147–152; H. Schrörs: Hermesianische Pfarrer, S. 136–147; V. Speth: Der Kampf um Gläubige und Kinder, Bd. 1, S. 569–571.

Mehr noch als durch die klerikale Mischehenhandhabung wähnte nun der Krefelder Bürgermeister den Konfessionsfrieden in seiner Stadt durch eine öffentliche Fronleichnamsprozession massiv bedroht. Eine solche würde – so der Alptraum des Bürgermeisters – *die Fackel der Zwietracht in diese friedliche Gemeinde werfen, die bisher noch verschont worden ist von dem Brand, den ein unseliger Streit allenthalben entzündet hat.* Er war sich sicher, *daß feierliche Umzüge der Katholiken, die hier niemals üblich gewesen, nur schroffe Gegensätze hervorrufen und das Signal zu immer wiederkehrenden Reibungen würden, da die einen Devotion und Kniebeugung verlangen, wo die andern sie versagen zu müssen für nothwendig halten.* Als tiefere Ursache für die im Fall einer Genehmigung der Fronleichnamsprozession zu erwartenden Konfessionskonflikte identifizierte er die Unvereinbarkeit der katholischen mit den protestantischen Devotionsformen und -idealen. *Alle Ostentation in kirchlichen Dingen, äußeres Gepränge aus Singen und Beten auf öffentlichen Straßen und Plätzen ist von jeher gegen protestantische Grundsätze gewesen und diese Grundverschiedenheit zwischen den beiden Konfessionen hat auch die Zeit nicht ausgleichen können.* Um die aus der Expressivität und Solennität des katholischen Gottesdienststils erwachsenden zwischenkonfessionellen Spannungen zu vermeiden, plädierte er dafür, um der *Ruhe, Ordnung, Eintracht und Frieden* willen einen Antrag abzulehnen, den *Unduldsamkeit und blinder Eifer ausgesonnen hat*. Im Namen des Konfessionsfriedens forderte er also die Säkularisierung des öffentlichen Raums, d.h. seine Freihaltung von allen religiösen Riten und Zeremonien.

Es offenbart die Interessegeleitetheit und Parteilichkeit des Bürgermeisters, dass er aus dem Ideal des Konfessionsfriedens nicht eine Pflicht zur Duldung der Fronleichnamsprozession, sondern eine Pflicht zu ihrer Unterlassung folgerte, dass er die *Fackel der Zwietracht* nicht durch das Verbot der Fronleichnamsprozession, sondern durch die Bemühung zur Aufhebung ihres Verbots in die Stadt geschleudert wähnte, dass er nicht die typisch katholischen, barocküberkommenen, handlungsschwelgerischen, affektgeladenen, sinnenfälligen und theatralischen Frömmigkeitsformen und die Nutzung des öffentlichen Raums als Bühne für sie, sondern allein die protestantischen Devotionsleitwerte, nämlich den Primat der Wortverkündigung und die weitgehende Beschränkung gemeindlicher Gottesdienste auf den Kircheninnenraum, für kompatibel mit der kommunalen und konfessionellen Eintracht glaubte, dass er, in typisch verschwörungstheoretischer Manier einen geheimen perfiden Plan unterstellend, im Antrag auf Gestattung einer Fronleichnamsprozession keinen legitimen Versuch zur Erstreitung des Rechts auf eine bestimmte Gottesdienstform und keinen authentischen religiösen Beweggrund erkennen konnte, sondern nur einen inszenierten machtlüsternen Anschlag der katholischen Geistlichkeit auf den Stadtfrieden mit dem Ziel, der katholischen Kirche auf Kosten der evangelischen eine Vormachtstellung in der Stadt zu verschaffen.

Insgesamt verdeutlicht der gesamte Vorgang, also der Antrag des Krefelder Pfarrers Reinarz wie die Stellungnahme des Krefelder Bürgermeisters Leysner, beispielhaft die (Wieder-)Verschärfung der konfessionellen Spannungen, ein neu erwachtes konfessionelles Selbst- und Eigenheitsbewusstsein namentlich der katholischen Kirche und die gestiegene Bedeutsamkeit des konfessionellen Faktors als Gesellschaftsstrukturierungsmoment, welche nach der relativen Irenik der Aufklärungsepoche in postnapoleonischer Zeit zu beobachten sind und mit dem Begriff (Re-)Konfessionalisierung chiffriert werden. Diese mündete im Verlauf des 19. Jahrhunderts, wobei den sog. ‚Kölner Wirren' eine wichtige Motor- und Katalysatorfunktion eignete, in einen (Neo-)Konfessionalismus, welcher die identitätsbetonende

Akzentuierung und Profilierung der Spezifika und Charakteristika der eigenen Konfession verband mit einer konfrontativen, die Konfessionsdifferenzen dramatisierenden Abgrenzung gegenüber den anderen Konfessionen, die abgewehrt und abgewertet wurden, was eine aggressiv-polemisch ausgetragene Konfessionsrivalität und -konkurrenz gebar.[18] Der Bürgermeister konstatierte und personifizierte zugleich diese Revitalisierung der konfessionellen Gegensätze und Verfeindungen. Vor allem freilich zeigte er sich ganz im Banne eines militanten, verschwörungstheoretisch aufgeladenen Antikatholizismus und Antiklerikalismus, welche Ressentiments in der preußischen Staatsverwaltung, in den liberalen Parteien, im nationalliberalen Bürgertum, im Kulturprotestantismus und im höheren Bildungswesen, also in großen Teilen des administrativ-gouvernementalen, politisch-parlamentarischen und geistig-wissenschaftlichen ‚Establishments', besonders virulent waren, eine zentrale Triebfeder für die Kulturkämpfe des 19. Jahrhunderts bildeten und in den letzten Jahren in der Historiographie vor allem hinsichtlich ihrer gemeineuropäischen Dimension verstärkt Aufmerksam-

---

18 Vgl. u. a. G. Schwaiger [Hrsg.]: Zwischen Polemik und Irenik; A. Rauscher [Hrsg.]: Probleme des Konfessionalismus in Deutschland seit 1800; O. Blaschke [Hrsg.] Konfessionen im Konflikt; Ders.: Die Inkubationszeit konfessioneller Intoleranz im frühen 19. Jahrhundert; Ders.: Das Zweite konfessionelle Zeitalter; E. Zeeden: Die katholische Kirche in der Sicht des deutschen Protestantismus im 19. Jahrhundert; W. Müller: Nach der Aufklärung; T. Mergel: Konfessionelle Grenzen und überkonfessionelle Gemeinsamkeiten im 19. Jahrhundert; G. Hübinger: Confessionalism; R. Bennette: Threatened Protestants; C. Köhle-Hezinger: Evangelisch-katholisch; T. Dietrich: Konfession im Dorf.

keit gefunden haben.[19] Speziell der Vorwurf der klerikalen Herrschsucht und die Forderung nach einer Säkularisierung des öffentlichen Raums waren beliebte Topoi des Antikatholizismus und Antiklerikalismus.[20]

Dieser antikatholische und speziell antiklerikale Affekt des Bürgermeisters kann nur vor dem Hintergrund der konfessionellen und sozialpolitischen Verhältnisse in Krefeld verstanden werden, die von starken sozialen Kontrasten und von einer Konvergenz von Konfessions- und Schichtzugehörigkeit gekennzeichnet waren. Krefeld war nämlich im Vormärz ein Zentrum der Textilfabrikation, speziell der Seidenherstellung, und „gewerblicher Vorort des Niederrheins"[21], was eine enorme sozialökonomische Statusspreizung der Stadtbevölkerung zur Folge hatte. Einer dünnen Oberschicht von 2,9 % stand am andern Ende der Gesellschaftspyramide eine breite Unterschicht von 76 % der Erwerbstätigen gegenüber, die aus Tagelöhnern, Dienstboten und vor allem aus den vielen Hauswebern bestand.[22] Dies wiederum nährte einen künftige Klassengegensätze und -kämpfe antizipierenden sozialen Antagonismus. Der 1828 anlässlich der Ankündigung einer Lohnminderung für die Seidenstoffarbeiter „ausbrechende offene Aufruhr in Krefeld war eine der ersten sich in Ge-

---

19 Vgl. u. a. L. Dittrich: Antiklerikalismus in Europa; M. Borutta: Antikatholizismus; M. Gross: The war against Catholicism; H. Smith: German nationalism and religious conflict; Y. Werner/J. Harvard [Hrsg.]: European anti-Catholicism in a comparative and transnational perspective; W. Kaiser: Kampf den Ultramontanen; G. Verucci: Antiklerikalismus und Laizismus in den Jahren des Kulturkampfes; C. Dowe: Antikatholizismus an den Universitäten des Deutschen Kaiserreichs (1870–1914).
20 Vgl. L. Dittrich: Antiklerikalismus in Europa, S. 291–329.
21 J. Ulrich: Wirtschaft und Gesellschaft in Alt-Krefeld, S. 344.
22 Ebd., S. 361.

walttätigkeiten entladenden Lohnauseinandersetzungen der deutschen Geschichte"[23]. Die Straßentumulte, in deren Verlauf Fensterscheiben von Fabriken und Fabrikantenhäusern eingeschlagen wurden, konnten nur von der aus Düsseldorf herbeigerufenen Kavallerie beendet werden.[24]

Die sozialen Ungleichgewichte und Schranken deckten sich tendenziell mit den konfessionellen, insofern im Verhältnis zu ihrem jeweiligen prozentualen Bevölkerungsanteil die katholische Zweidrittelmehrheit in den Unterschichten deutlich überrepräsentiert war, während die evangelisch-mennonitische Minderheit in der Oberschicht so überproportional stark vertreten war, dass sie in der ökonomisch-sozialen Elite der Stadt klar dominierte. Die einschlägigen Forschungen von P. Kriedte[25] werden von K. Vosen und S. Peglow so resümiert: „Kriedte hat in soziologischer Betrachtungsweise für das Jahr 1840 ermittelt, daß die Oberschichten Krefelds – worunter ja auch die hohe Beamtenschaft zu fassen ist – nur zu 24,6 Prozent katholischer, jedoch zu 70,7 Prozent protestantischer Konfession waren, während die konfessionelle Struktur der Gesamtbevölkerung Krefelds das genau umgekehrte Bild bot: 66,8 Prozent der Krefelder Haushalte waren im Jahre 1840 katholisch, 32 Prozent protestantisch. Die hiermit auch angedeutete soziale Unterprivilegierung der katholischen Bevölkerung wird durch die Beobachtung erhärtet, daß in der für Krefeld prägenden Seidenindustrie das Proletariat der Tagelöhner zu 89,5 Prozent katholisch, jedoch nur zu 10,2 Prozent protestantisch war, während die Oberschicht im Seidengewerbe zu 52 Prozent der

---

23 Ebd., S. 365.
24 Zu diesem Aufruhr vgl. J. Ulrich: Wirtschaft und Gesellschaft in Alt-Krefeld, S. 365 f.; A. Lüdtke: „Gemeinwohl", Polizei und „Festungspraxis", S. 302–317.
25 P. Kriedte: Eine Stadt am seidenen Faden.

evangelischen und zu 32 Prozent der mennonitischen Konfession angehörte."[26] „1840 machten die Katholiken 68,4 % der Stadtbevölkerung aus und stellten 74,8 % aller Seidenarbeiter, 89,5 % aller Tagelöhner, aber nur 47,8 % aller Werkmeister, 12,1 % aller Verleger und 11,5 % aller Färberei- und Druckereibesitzer. In krassem Gegensatz dazu waren 1840 nur 27,4 % der Stadtbevölkerung evangelisch, sie machten hingegen 23,5 % aller Seidenarbeiter und bloß 9,8 % aller Tagelöhner aus, auf der anderen Seite aber waren evangelisch 37,8 % aller Werkmeister, 51,6 % aller Verleger und 76,9 % aller Färberei- und Druckereibesitzer der Stadt."[27] Diese krasse Unterrepräsentanz der Katholiken in der ökonomisch-sozialen Führungsschicht schlug sich natürlich aufgrund des Wahlzensus in der politischen Machtverteilung nieder. Obwohl die Krefelder Einwohnerschaft zu zwei Dritteln katholisch war, wurden beispielsweise bei den Gemeinderatswahlen von 1846 aufgrund des Dreiklassenwahlrechts bei jeweils zehn von jeder Klasse zu wählenden Gemeindeverordneten in der dritten Klasse drei Katholiken, in der zweiten Klasse ebenfalls drei Katholiken und in der ersten Klasse nur ein einziger Katholik gewählt, sodass dem dreißigköpfigen Gemeinderat nur sieben Katholiken angehörten.[28]

Somit konvergierten in Krefeld die konfessionellen mit den sozialen Spannungs- und Bruchlinien, wodurch der Kampf um die Fronleichnamsprozession eine weit über seine religiöse Bedeutung hinausgehende soziale und politische Sprengkraft erhielt, eine Bedeutsamkeitsaufladung, welche den Konflikt

---

26 K. Vosen: Die katholische Kirche und die Altkatholiken in Alt-Krefeld, S. 186.
27 S. Peglow: Die Krefelder Fronleichnamsprozession, S. 188.
28 Vgl. W. Stratmann: Politik und Verwaltung in Alt-Krefeld, S. 107 f.

verschärfte und die Ablehnungsvehemenz des Bürgermeisters erklärt. Der Bürgermeister, als Sachwalter und Wortführer der protestantischen Hautevolee agierend, artikulierte diesen dem Streitgegenstand seine Brisanz verleihenden sozialpolitischen Aspekt ganz deutlich, als er die Kontroverse um die Fronleichnamsprozession zum innerstädtischen Machtkampf hochstilisierte. Wie ausgeführt imaginierte er das Verlangen nach einer Fronleichnamsprozession und damit nach dem Recht zur Religionsausübung unter freiem Himmel als einen bedrohlichen Angriff der vom Klerus angeführten Katholiken auf das sozialpolitische Machtgefüge der Stadt. Durch eine entschlossene Abwehr der vermeintlich drohenden Revolte gegen die städtische Sozialordnung wollte er den Inferioritätsstatus der katholisch geprägten Unterschicht fixieren und den Hegemonialstatus der dominant protestantisch-mennonitischen Führungsschicht verteidigen. Stellvertretend für sie betrachtete er die Fronleichnamsprozession als eine Besetzung des öffentlichen Raums durch die katholischen Unterschichten und als quasipolitische Demonstration der katholischen (Textil-)Arbeitermassen, durch deren Niederschlagung in Gestalt eines von der Polizei durchzusetzenden Demonstrationsverbots er die Stadtherrschaft der von ihm politisch repräsentierten evangelischen Funktionselite konservieren und zementieren wollte. Die politisch-ökonomische Vorherrschaft der Oberschicht wollte er auch auf religiösem Gebiet durch die Unterdrückung einer in Krefeld unterschichtenspezifischen Frömmigkeitsartikulation, allgemein durch die Verdrängung unterschichtenaffiner Gottesdienstformen aus dem öffentlichen Raum in das Innere von Kirchenräumen, also mittels Beschneidung ihrer Publikumswirksamkeit und Sichtbarkeit zur Geltung bringen und damit religionskulturell untermauern. Die Forderung nach einer Verweltlichung des öffentlichen Raums stand im Dienst von sehr irdischen Herrschaftsinteressen.

3. Zweiter vergeblicher Versuch

Die Regierung Düsseldorf muss aufgrund des Votums des Bürgermeisters von Krefeld den Antrag der dortigen katholischen Gemeinde auf polizeiliche Genehmigung einer Fronleichnamsprozession abgelehnt haben, denn ziemlich genau zehn Jahre später, im Dezember 1838, wiederholte Pfarrer Reinarz sein Gesuch an die Bezirksregierung[29]. Darin beklag-

---

29 Pfarrer Reinarz zu Krefeld an die Regierung Düsseldorf am 14. Dezember 1838 (LNAR, Regierung Düsseldorf Nr. 3782. Druck: G. Schwamborn [Hrsg.]: Zum 80jährigen Bestehen der Krefelder Fronleichnamsprozession, S. 4. Dieser Druck ist allerdings falsch datiert und enthält gegenüber der Ausfertigung Textabweichungen, was darauf zurückzuführen sein dürfte, dass G. Schwamborn seinem Druck einen im Pfarrarchiv von Krefeld/St. Dionysius enthaltenen Entwurf dieses Schreibens zugrunde legte): *In Folge kirchlicher Bestimmung wird in der kath. Welt alljährig die Frohnleichnamsprozession abgehalten, und zwar außerhalb der Kirche, im Freien. Wir dahier haben uns bis jetzt noch immer auf den innern Raum unserer Kirche beschränkt. Da nun aber die kleine Kirche zu der großen Gemeinde in keinem Verhältnisse steht und der Prozessionszug sich durch die Menge des Volkes nicht mehr mit geziemender Würde bewegen kann, und da beinebens die Gemeinde es sehnlichst wünscht, gleich andern Städten der Monarchie, z. B. Berlin, Aachen, Coeln, Cleve, Düsseldorf, Elberfeld etc., in festlichem Zuge ihrem Gott das Opfer der Anbetung im freien Tempel der Natur darbringen zu können, bin ich gesonnen, bei der nächsten Frohnleichnamsfeier dem Wunsche zu willfahren und unsern Prozessionszug statt durch die Kirche durch einige die Kirche umgebenden Straßen der Stadt zu führen und das um so mehr, als die Gemeinde darin gewissermaßen einen billigen Ersatz finden würde für ihre frühere Prozession nach Kevelaer, die allemal über die Hauptstraße*

te er, dass sich die Prozession am Fronleichnamstag bislang auf den Kircheninnenraum beschränken musste, wo sie sich aber wegen der Menschenmenge, eine Folge der stark angewachsenen Gemeinde, *nicht mehr mit geziemender Würde bewegen kann*. Seine Gemeinde wünsche *sehnlichst*, genau wie in anderen rheinischen Städten eine Prozession *im freien Tempel der Natur* zu veranstalten, zumal sie wegen des Verbots übernachtender und die Grenzen des Erzbistums Köln überschreitender Wallfahrtszüge, das der Kölner Erzbischof Spiegel am 12. Mai 1826 ausgesprochen hatte,[30] seitdem ihren traditionellen Wallfahrtszug nach dem außerhalb des Erzbistums gelegenen Gnadenort Kevelaer unterlassen musste. Pfarrer Reinarz konnte sich zwar nicht vorstellen, dass seiner Gemeinde verboten sein solle, was in anderen Städten des Rheinlandes seit langem gängige Praxis war, aber weil der Landrat von Krefeld im Jahr zuvor den ominösen Art. 45 der Organischen Artikel noch auf Krefeld durchziehende Wallfahrtsprozessionen dergestalt angewandt hatte, dass die Wall-

---

unserer Stadt feierlich aus- und einzog, nun aber seit 1826 nicht mehr zieht. Ich sehe zwar nicht ein, daß uns zu Crefeld untersagt sein soll, was in andern Städten, die unter denselben Gesetzen stehen, erlaubt ist; da unterdessen im vorigen Jahre noch ein unter der Fremdherrschaft erlassenes Dekret (Org. Art. Tit. III, Art. 45), in Folge dessen an Orten, wo gemischter Cultus ist, dieser außer der Kirche schweigen soll, von der hiesigen landräthlichen Behörde auf fremde hier durch nach Kevelaer ziehende Prozessionen angewendet worden ist, erlaube ich mir, Behufs Abwendung aller Störungen die gehorsame Anfrage, ob ich bei unserm beabsichtigten Frohnleichnamszuge etwas Ä[h]nliches zu befürchten haben dürfte.

30 Druck des erzbischöflichen Wallfahrtshirtenbriefs vom 12. Mai 1826 in: F. Hermens [Hrsg.]: Handbuch der gesammten Staatsgesetzgebung, Bd. 1, S. 501–505.

fahrer ihre Prozessionsformation bei der Stadtdurchquerung auflösen mussten,[31] wollte der Pfarrer sicherheitshalber von der Regierung Düsseldorf eine förmliche Genehmigung für eine Fronleichnamsprozession einholen.

Der Düsseldorfer Konsistorialrat Bracht[32] fragte daraufhin beim Landrat von Krefeld an, ob dieser es für angebracht erachte, zugunsten der Prozession *eine Ausnahme von der Bestimmung des § 45 der Organischen Artikel* zu gestatten.[33] Doch Landrat Melsbach reagierte genau wie der Bürgermeister zehn Jahre zuvor mit einem scharfen Ablehnungsvotum[34], wobei er sich bis in die Wortwahl hinein und unter Übernahme ganzer Textpassagen an der früheren Argumentation des Bürgermeisters orientierte; lediglich dessen konspirationistische Verdächtigungen der Krefelder Geistlichkeit schwächte er etwas ab. Doch auch er brandmarkte mit antiklerikalem Impetus die *ungeeigneten Anmaßungen des Cle-*

---

31 Vgl. V. Speth: Katholische Aufklärung und Ultramontanismus, Religionspolizey und Kultfreiheit, Volkseigensinn und Volksfrömmigkeitsformierung, Teil 2, S. 74–85.

32 Zu dessen Person und Amtstätigkeit vgl. E. Rosenkranz: Die Kirchen- und Schulpolitik der Düsseldorfer Regierung in den Jahren 1820–1840.

33 Die Regierung Düsseldorf an den Landrat von Krefeld, Melsbach, am 29. Dezember 1838 (LNAR, Regierung Düsseldorf Nr. 3782 im Entwurf des Konsistorialrats Bracht): *Von Seite der dortigen kath. Gemeinde ist auf Gestattung eines feyerlichen Umzuges durch die Stadt am Frohnleichnamstage angetragen worden. Ew. Hochwohlgeboren wollen uns berichten, ob es unter den jetzigen Umständen angemessen seyn werde, eine Ausnahme von der Bestimmung des § 45 der Organischen Artikel vom 18ten Germinal J. 10 zu machen.*

34 Der Landrat von Krefeld an die Regierung Düsseldorf am 14. Januar 1839 (LNAR, Regierung Düsseldorf Nr. 3782. Siehe Quelle Nr. 2 im Quellenanhang).

rus, der nur danach trachte, den Protestantismus immer mehr zu bekämpfen und ihn der erworbenen Rechte zu berauben und auch er diffamierte in antikatholischer Delegitimierungsabsicht den ausgesprochenen Kultwunsch als rücksichtslosen Frontalangriff auf den städtischen Protestantismus mit dem Ziel, diesen zu übermächtigen: *Der vorliegende Antrag scheint mir, je mehr ich darüber nachdenke, auch mit den Zweck zu haben, öffentlich den Beweis zu führen, daß die Katholiken, wenn sie sich auch lange vernünftige Beschränkungen haben gefallen lassen müssen, dennoch am Ende aus dem Kampfe siegreich hervorgehen müssen, ohne zu erwägen, daß der Frieden der ganzen Gemeinde darüber zu Grunde gehen kann.* Der Landrat verteidigte ebenfalls den bestehenden Zustand, also die Verschließung des städtischen öffentlichen Raums für katholische Gottesdienste, mit dem *dreyhundertjährigen Herkommen und Recht* und berief sich auf die *erworbenen Rechte* und den *unvordenklichen Besizstand* des Protestantismus, welchen er vor allem auf die schon genannten Kabinettsbefehle Friedrichs II. von 1743 und 1749 sowie auf Art. 45 der Organischen Artikel von 1802 gründete. Die verderblichen Konsequenzen einer Aufhebung des Status quo malte der Landrat in drohend düsteren Farben aus. Zunächst würde eine Änderung die Loyalität der Protestanten gegenüber dem Herrscherhaus gefährden, denn sie würde *einen höchst schmerzlichen Eindruck auf die hiesigen evangelischen Einwohner machen, die sich von jeher und zu allen Zeiten durch große Anhänglichkeit und Liebe an das erlauchte Königl. Preuß. Haus ausgezeichnet haben.* Allein schon für den Fall, dass die kirchliche Bemühung um Beendigung der bleibenden Verbannung katholischer Gottesdienstformen aus dem öffentlichen Raum bekannt würde, prognostizierte der Landrat einen breiten *Protest* der protestantischen Notabeln, womit er sicherlich eine Petition an den bekanntermaßen dezidiert evangelischen und stramm antikatholischen König Friedrich Wilhelm III.[35] meinte. Der Landrat glaubte also die evangelische politisch-ökonomische Führungselite Krefelds ganz auf seiner Seite und verstand sich als deren Fürsprecher und Interessenvertreter. Durch die Freigabe des öffentlichen Raums als Schauplatz für katholische Kultakte würden außerdem – so der Landrat weiter – *schroffe Gegensäze hervorgerufen, die Fackel der Zwietracht in eine bis jezt friedliche Gemeinde geworfen und die Veranlassung zu immer wiederkehrenden Reibungen werden.* Insbesondere prophezeite er *Zwietracht mit ihren bösen Folgen,* wenn evangelische Passanten und Zuschauer, von Prozessionsteilnehmern zu Verehrungsbezeugungen in Gestalt von Niederknien und Hutabnehmen vor dem Allerheiligsten veranlasst, diese verweigern. Weil *alle Ostentationen, äußeres Gepränge, Singen und Beten auf öffentlichen Straßen von jeher gegen protestantische Grundsäze gewesen* seien, forderte er genau wie der Bürgermeister als Voraussetzung für den innerstädtischen Konfessionsfrieden und als Entscheidungsmaßstab für die Frage nach der polizeilichen Zulassung außerkirchengebäudlicher Gottesdienste allein den Respekt vor diesen genannten evangelischen Devotionsleitwerten, nicht aber vor den andersgearteten katholischen. *Bürgerthum und Humanität* sah er lediglich durch eine fortdauernde Unterdrückung katholischer Glaubensmanifestationen im öffentlichen Raum, nicht aber durch ihre Tolerierung gewährleistet. Insgesamt identifizierte sich der Landrat mit der Position des Bürgermeisters und begriff sich ebenfalls als politischer Repräsentant der protestantischen Funktionselite Krefelds, mit deren präferierten kircheninnenraumzentrierten Kultstil er sich mit deutlich antikatholischer Aversion solidarisierte, denn auch

---

35 Vgl. T. Stamm-Kuhlmann: König in Preußens großer Zeit, S. 477–486.

er perhorreszierte eine Fronleichnamsprozession als demonstrationsartigen Aufmarsch und Triumphzug der katholischen Unterschichten durch die Straßen der Stadt unter Leitung eines machtgierigen, letztlich auf Unterdrückung des Protestantismus erpichten Klerus. Durch diese platzgreifende und aufmerksamkeitsheischende Öffentlichkeitspräsenz wähnte er den bisher bewahrten Konfessionsfrieden zerstört, die Unterschichtkatholiken in unerträglicher Weise aufgewertet und die Hegemonie der protestantischen Honoratiorenschicht in herrschaftsbedrohlicher Weise rituell-symbolisch herausgefordert.

Entsprechend dem landrätlichen Votum lehnte die Regierung Düsseldorf im Januar 1839 wie schon zehn Jahre zuvor den erneuten Vorstoß des Krefelder Pfarrers ab.[36] Als Gründe

---

36 Die Regierung Düsseldorf an den Landrat von Krefeld am 25. Januar 1839 (LNAR, Regierung Düsseldorf Nr. 3782 im Entwurf des Konsistorialrats Bracht): *Wir sind mit Ew. Hochwohlgeboren darin einverstanden, daß besonders unter den jetzigen Zeitumständen dem Ansuchen der Katholiken um Bewilligung einer Prozession am Frohnleichnahmstage in dortiger Stadt nicht gewillfahrt werden kann. Wir haben nach Erwägung Ihres Berichtes vom 14ten d. [Mts.] dem Herrn Landdechanten Pfarrer Reinartz dieses eröffnet und erwarten, daß derselbe sich hierbey beruhigen werde. Ew. Hochwohlgeboren empfehlen wir aber, Ihrem Vernehmen gemäß diese Verhandlung* [d. h. Korrespondenz] *nicht Kund werden zu lassen.*

Die Regierung Düsseldorf an den Krefelder Pfarrer und Dechanten Reinarz am 25. Januar 1839 (LNAR, Regierung Düsseldorf Nr. 3782 im Entwurf des Konsistorialrats Bracht; Druck der Ausfertigung: G. Schwamborn [Hrsg.]: Zum 80jährigen Bestehen der Krefelder Fronleichnamsprozession, S. 4 f. Die Textwiedergabe folgt dem Entwurf): *Ew. Hochwürden Gesuch um Bewilligung einer Prozession am Frohnleichnahmsfeste durch die dortige Stadt vom 14. v. M. haben wir in ernste Erwägung*

sind zu vermuten die persönlichen Devotionspräferenzen des zuständigen Düsseldorfer Konsistorialrats Bracht, der unter dem Einfluss der kultbezüglichen Dignisierungs-, Verinnerlichungs- und Vergeistigungspostulate der katholischen Aufklärung *wahre Gottesverehrung und Frömmigkeit am sichersten gefördert* glaubte durch deren Beschränkung auf die Abgeschlossenheit des Kircheninnenraums. Den dadurch begünstigten nüchternen, schlichten, meditativen und innengewendeten Gottesdienststil favorisierte er gegenüber einer außenwirksamen Schau- und Prunkprozession im Freien. Außerdem dürfte, wie es im Hinweis auf die *jetzigen Zeitumstände* anklingt, der Wunsch handlungsleitend gewesen sein, so kurz nach der staatlichen Verhaftung und Internierung des Kölner Erzbischofs Droste-Vischering, die den bekannten Kölner Kirchenstreit ausgelöst und den Konfessionalismus verstärkt hatten, diesen keine weitere Nahrung durch eine neue konfessionelle Anfeindungen und Auseinandersetzungen provozierende Zulassung einer Fronleichnamsprozession in Krefeld zu geben. So blieb letztendlich Krefeld auf Betreiben des Landrats weiterhin eine der wenigen, vielleicht sogar die einzige Stadt im Rheinland, in welcher nach Maßgabe von Art. 45 der Organischen Artikel die Abhaltung einer

---

genommen; wir sind aber durch diese in der Meinung bestärkt worden, daß ein solcher Umzug in dortiger Stadt überhaupt, besonders aber unter den jetzigen Zeitumständen, nicht heilbringend sein werde und hegen zu Ew. Hochwürden das Vertrauen, daß, wenn sich auch die eine oder andere Stimme unter Ihren Gemeinegliedern für eine solche Feyerlichkeit aussprechen sollte, es Ihnen doch gelingen werde, Ihre Pfarrgemeine im allgemeinen zu überzeugen, daß durch die Verherrlichung des Gottesdienstes in der Kirche selbst, durch welche die dortige Gemeine sich von andern erbauend auszeichnet, wahre Gottesverehrung u. Frömmigkeit am sichersten gefördert wird.

Fronleichnamsprozession untersagt war. Offensichtlich diente besagter Artikel der Krefelder Oberschicht und dem als ihr Sprachrohr auftretenden Landrat dazu, einer seit langem bestehenden Rechtslage, deren Beibehaltung sie wünschten, eine Begründung zu geben, die rezenter und solider erschien als die hundert Jahre alten Kabinettsbefehle Friedrichs des Großen. Die sich durch die gesamte Korrespondenz ziehenden Versprechen und Aufforderungen, sie geheim zu halten, ist wohl aus der nicht unberechtigten Befürchtung geboren, dass es das innerstädtische konfessionelle Klima belasten würde, wenn bekannt würde, dass das dargelegte Resultat, nämlich die Ablehnung des Wunsches der katholischen Gemeinde Krefelds, die immerhin die Bevölkerungsmehrheit stellte, auf das dringende Votum eines prominenten Vertreters der ortsansässigen Honoratiorenschaft selbst zurückging.

4. Weitere vergebliche Bemühungen

Im Juli 1842 wandte sich der Krefelder Pfarrer Reinarz an den kurz zuvor neu installierten Apostolischen Administrator des Erzbistums Köln,[37] der formal als Koadjutor des staatlicherseits an der Amtsführung gehinderten Erzbischofs Droste-Vischering amtierte, jedoch faktisch das Erzbistum selbständig und in eigener Verantwortung leitete. Diesem klagte Pfarrer Reinarz, dass seit der Reformation in Krefeld keine Fronleichnamsprozession mehr stattgefunden habe und dass von auswärts herkommende Wallfahrtszüge auf ihrem Weg nach Kevelaer die Stadt nur ohne Prozessionsformation, in aller Stille und ohne Gebet und Gesang durchqueren dürften. Der Pfarrer hatte zwar auf seinen Antrag hin vom Landrat von Krefeld die Erlaubnis erhalten, in diesem Jahr 1842 eine Prozession durch die Stadt nach Kaiserswerth zur dortigen 1125-jährigen Jubiläumsfeier des Lokalheiligen St. Suitbertus[38] zu führen, aber es irritierte ihn, dass diese Genehmigung keineswegs selbstverständlich war, sondern dass der Landrat sich zwecks Rückversicherung genötigt gefühlt hatte, sich von der vorgesetzten Behörde, der Regierung Düsseldorf, einen Bescheid zu erbitten. Weil er daraus schloss, dass die Gestattung einer Fronleichnamsprozession, um die es dem Pfarrer hauptsächlich ging, auf Schwierigkeiten sto-

---

37 Der Krefelder Pfarrer Reinarz an den Kölner Koadjutor Geissel am 20. Juli 1842 (BDA, Krefeld/St. Dionysius Nr. 8,1; Druck: G. Schwamborn [Hrsg.]: Zum 80jährigen Bestehen der Krefelder Fronleichnamsprozession, S. 5 f. Siehe Quelle Nr. 3 im Quellenanhang).
38 Vgl. dazu V. Speth: Katholische Aufklärung und Ultramontanismus, Religionspolizey und Kultfreiheit, Volkseigensinn und Volksfrömmigkeitsformierung, Teil 1, 2. Aufl., S. 458–462.

ßen könnte, bat er den Kölner Koadjutor um Intervention bei den Staatsbehörden. Zur Widerlegung der Behauptung von der unveränderten Rechtsgültigkeit des vielerwähnten Artikels 45, auf den sich die Krefelder Polizeibehörden als zentrale Rechtsbasis für ihre Kultrepressionspolitik hauptsächlich beriefen, machte Pfarrer Reinarz geltend, dass besagter Artikel schon in französischer Zeit und erst recht nach der preußischen Inbesitznahme der Rheinlande weitgehend außer Anwendung gekommen sei, dass sogar der französische Kultusminister 1808 in einem konkreten Fall seine Heranziehung zur Prozessionsunterbindung als der Kultusfreiheit widersprechend abgelehnt hatte und dass selbst in überwiegend evangelischen Städten des Rheinlandes ungehindert Prozessionen stattfinden könnten. Eine Ausnahme für Krefeld sei umso weniger zu rechtfertigen, als sich von den 25.000 Einwohnern der Stadt 18.000 zum katholischen Glauben bekennen würden.

Im Kölner Generalvikariat nahm Kanzler v. Groote zum Gesuch des Krefelder Pfarrers Stellung.[39] Er pflichtete dem Pfarrer zwar völlig darin bei, dass der ominöse Art. 45 der

---

39 Marginalgutachten des erzbischöflichen Kanzlers v. Groote vom 17. August 1842 (BDA, Gvo Krefeld/St. Dionysius Nr. 8,1): *Was den ersten Antrag, nämlich die Abhaltung der Frohnleichnamsprozession zu Crefeld betrifft, so steht demselben zwar die Bestimmung des art. 45 der Organischen Artikel entgegen, welcher lautet: „Aucune cérémonie religieuse n'aura lieu hors des édifices consacrés au culte catholique dans les villes où il y a des temples destinés à differens cultes." Indessen ist diese Bestimmung in den meisten Orten der Rheinprovinz durch den entgegengesetzten Gebrauch längst abgeschafft oder gar nicht zur Ausführung gekommen. Da aber zu Crefeld seit der Reformation keine Frohnleichnamsprozession gehalten worden ist, mithin dort etwas Neues eingeführt werden soll, so scheint dazu die Zu-*

Organischen Artikel faktisch im Rheinland keine Beachtung mehr finde und obsolet geworden sei, hielt aber gleichwohl zur Neueinführung einer Fronleichnamsprozession in Krefeld die staatliche Zustimmung für erforderlich, welche beim Oberpräsidenten der Rheinprovinz zu beantragen sei. Koadjutor Geissel jedoch scheint keinen Vorstoß unternommen zu haben, da sich in den Akten keine Spur davon findet und die Fronleichnamsprozession in Krefeld weiterhin unterblieb. Allerdings wurde 1842 zwischen dem Oberpräsidenten der Rheinprovinz und dem Kultusminister anlässlich eines konkreten Vorfalls die Frage erörtert, ob Artikel 45 nicht am besten offiziell außer Kraft gesetzt werden solle. Als nämlich entgegen dem allgemeinen Trend ein rheinischer Landrat die Neueinführung einer Prozession in einem konfessionell gemischten Ort unter Berufung auf den fraglichen Artikel verbot, der Pfarrer aber den Gehorsam verweigerte, wandte sich der Oberpräsident der Rheinprovinz an den Kultusminister, um grundsätzlich den Rechtsstatus dieser umstrittenen Vorschrift zu klären. Weil diese nach seinen Informationen mittlerweile größtenteils dem Vergessen anheimgefallen war und beispielsweise die Fronleichnamsprozessionen im Allgemeinen *unangefochten* gehalten wurden, wollte er sie nun auch förmlich annulliert wissen, um solchen Rechtsstreitigkeiten vorzubeugen und um dem rechtshygienischen Missstand, dass eine formal rechtskräftige Vorschrift verbreitet ignoriert wird, ein Ende zu setzen.[40] Obwohl der Kultusminister wusste und

---

stimmung der Staatsbehörde erforderlich, welche unmaßgeblich bei dem K. Oberpräsidio in Antrag zu bringen seyn wird. […].
40 Der Oberpräsident der Rheinprovinz, v. Schaper, an Kultusminister Eichhorn am 16. Juli 1842 (GStA PK, I. HA Rep. 76 IV Sekt. 1 Abt. XIV Nr. 1 Bd. 2): *Der Artikel 45 des organischen Gesetzes vom 8n Germinal X. enthält die Bestimmung: „Aucune cérémonie religieuse n'aura lieu hors des édifices consacrés au*

billigte, dass *in der bei weitem größten Mehrzahl der linksrheinischen Städte* die in Rede stehende Bestimmung entweder niemals ausgeführt oder aber später fallengelassen worden war, wollte er sie nicht ausdrücklich von Staatswegen annullieren.[41] Einmal fürchtete er, dass eine Aufhebung *in der gegenwärtigen Zeit, wo die verschiedenen Konfessionen noch nicht aufgehört haben, einander mit Mißtrauen und Eifersucht zu begegnen,* als eine einseitige Begünstigung der katholischen Kirche aufgefasst würde und dass die daraus folgenden öffentlichen Diskussionen den zwischenkonfessionellen Hader wiederbeleben könnten. Zweitens müsste man dann – so die weitere Überlegung des Kultusministers – konsequenter- und zweckmäßigerweise gleich alle ‚Organischen Artikel' auf ihre Vereinbarkeit

---

culte catholique dans les villes où il y a des temples destinés à différens cultes." Dieses Verbot scheint schon während der letzten Zeit der französischen Herrschaft nicht gehandhabt worden zu sein und ist später gänzlich vergessen oder als antiquirt betrachtet worden, so daß verschiedene öffentliche Prozessionen namentlich am Frohnleichnamstage fast in allen Städten üblich sind und unangefochten gehalten werden. Es hat sich aber unlängst der Fall ereignet, daß an einem Orte gemischter Confession, wo eine solche Prozession zum ersten Male gehalten werden sollte, die landräthliche Behörde die Haltung derselben auf den Grund jener gesetzlichen Bestimmung dem Pfarrer amtlich untersagen ließ, der letztere jedoch diese Weisung nicht beachtete. Um solchen Vorfällen für die Zukunft vorzubeugen und weil es an sich mißlich ist, Verbot[s]gesetze, welche sich nicht zur Ausführung eignen, bestehen zu lassen, erlaube ich mir, die ausdrückliche Aufhebung der oben angeführten Gesetzesstelle gehorsamst in Antrag zu bringen.

41 Der Kultusminister an den Oberpräsidenten der Rheinprovinz am 6. Oktober 1842 (GStA PK, I. HA Rep. 76 IV Sekt. 1 Abt. XIV Nr. 1 Bd. 2 im Entwurf. Siehe Quelle Nr. 4 im Quellenanhang).

mit dem preußischen Staatskirchenrecht überprüfen und im Lichte der Neuordnung des Kirchenwesens nach 1815 einer gründlichen Gesamtrevision unterziehen. Aber kurz nach der glücklichen Beilegung des Kölner Kirchenstreits erachtete er das erneute Aufwerfen heikler Fundamentalfragen des Staatskirchenrechts für inopportun. Den dritten Grund verrät die ministerielle Aufforderung an den Oberpräsidenten, in den *Fällen, wo die Anwendung des Art. 45 in Frage kommen könnte, unter Berücksichtigung der obwaltenden Localverhältnisse das Geeignete zu verfügen und je nach den Umständen des grade vorliegenden einzelnen Falles* zu entscheiden. Die Beibehaltung von Art. 45 der Organischen Artikel erlaubte somit den Behörden, in freier Ermessensentscheidung je nach den örtlichen Gegebenheiten auf ihn zurückgreifen zu können, bot also eine beliebig zu reaktivierende Handhabe zur Kultbeschränkung. Auf die ‚Organischen Artikel' als arbiträr nutzbare juristische Waffenkammer der Religionspolizey und des Staatskirchentums wollte man nicht leichtfertig verzichten. Diese ministerielle Linie, den Artikel 45 im Allgemeinen in der Vergessenheit zu belassen, ihn jedoch nicht formell aufzuheben, um sich seiner im Einzelfall nach behördlichem Gutdünken situationsangepasst bedienen zu können, setzte der Oberpräsident mit seiner Weisung an die rheinischen Bezirksregierungen um, den Artikel nur nach Rücksprache mit ihm geltend zu machen.[42]

---

42 Der Oberpräsident der Rheinprovinz an die Regierung Düsseldorf am 20. Oktober 1842 (LNAR, Regierung Düsseldorf Nr. 29134): *In Folge eines Rescriptes des hohen Ministerii der Geistlichen, Unterrichts- und Medicinal-Angelegenheiten ersuche ich Eine Königliche Hochlöbliche Regierung ergebenst, die Polizei-Behörden der Städte, wo sich Kirchen verschiedener Confessionen befinden, anzuweisen, den Art. 45 des Gesetzes vom 18ten Germinal X., welcher die religiösen Ceremonien außerhalb der Kirchen untersagt,*

Entweder hat in Unkenntnis dieses oberpräsidialen Genehmigungsvorbehalts der Krefelder Pfarrer Reinarz für das Folgejahr 1843 keinen neuen Antrag auf Gestattung einer Fronleichnamsprozession gestellt oder der Krefelder Bürgermeister hat unter Missachtung der Pflicht zur Rückfrage den Antrag des Pfarrers einfach abgelehnt oder der Oberpräsident hat die weitere polizeiliche Untersagung einer Fronleichnamsprozession in Krefeld gebilligt; auf jeden Fall unterblieb diese weiterhin, denn im Juni 1844 wandte sich der katholische Kirchenvorstand unter Leitung des Pfarrers mit einer Petition direkt an den preußischen König.[43] Eine

---

nicht ohne vorherige Anfrage, worüber alsdann von Wohlderselben an mich zu berichten ist, zur Anwendung zu bringen. – Eine gleichlautende Weisung ging an die Regierungen Aachen und Köln, wie aus ihrer inhaltlichen bzw. abschriftlichen Weitergabe an den Aachener Polizeidirektor v. Lüdemann (LNAR, Polizeipräsidium Aachen Nr. 86 Bd. 1) und an den Landrat von Bonn (Stadtarchiv Bonn, Bestand Preußische Zeit Nr. 4936) ersichtlich ist, und sicherlich auch an die Regierungen Trier und Koblenz.

43 Der Kirchenvorstand von Krefeld/St. Dionysius an den preußischen König Friedrich Wilhelm IV. am 9. Juni 1844 (GStA PK, I. HA Rep. 76 IV Sekt. 1 Abt. XIV Nr. 1 Bd. 2; BDA, Gvo Krefeld/St. Dionysius Nr. 8,1 in Abschrift; Druck: G. Schwamborn [Hrsg.]: Zum 80jährigen Bestehen der Krefelder Fronleichnamsprozession, S. 7 f. Siehe Quelle Nr. 5 im Quellenanhang). Dass, wie S. Peglow (Die Krefelder Fronleichnamsprozession, S. 191) annimmt, der Krefelder katholische Kirchenvorstand sich schon 1843, also im Jahr zuvor, beschwerdeführend an den preußischen König gewandt haben soll, ist quellenmäßig schwach fundiert und eher unwahrscheinlich, da sich davon keine Spur in den Akten findet und weder die Petition an den König vom 9. Juni 1844 noch das unten thematisierte Schreiben des Krefelder Pfarrers an Koadjutor v. Geissel vom 25. September 1844 davon etwas erwähnen.

solche Untertanensupplik an den Monarchen war die Konsequenz aus der Tatsache, dass es im Vormärz praktisch keine Möglichkeit gab, eine Behördenentscheidung vor einem Verwaltungsgericht anzufechten,[44] sodass der Appell an die Gunst und Gnade des Landesherrn an die Stelle einer Klage vor einem ordentlichen Gericht treten musste. Die Immediateingabe monierte erneut die seit über zwei Jahrhunderten bestehende Diskriminierung der Krefelder Katholiken bei der öffentlichen Religionsausübung, welche mit der Prozessionstoleranz in den anderen rheinischen Städten, selbst in den mehrheitlich protestantischen Städten Barmen und Elberfeld, benachteiligungs- und empörungsmehrend kontrastierte, und verwies auf ein allgemeines religiöses Bedürfnis der Krefelder Gemeinde, das sich in dem Phänomen des ‚Auslaufens' kundtat, insofern *am jedesmaligen Frohnleichnamstage unser Gotteshaus auffallend leer erscheint und alles, was nur kann, sich hinausdrängt, um in den benachbarten Gemeinden den festlichen Prozessionszügen sich anzuschließen.* Doch der Innenminister und der Kultusminister, an die der König die Petition kommentarlos zur Beantwortung weitergeleitet hatte, lehnten in einem gemeinsamen Bescheid das Ansuchen ab mit der kontrafaktischen Begründung, dass die Beschränkung der Fronleichnamsprozession auf den Kirchenraum in gemischtkonfessionellen Orten die Regel und die gegenteilige Praxis in anderen rheinischen Städten historisch bedingte

---

44 „Die am Anfang des 19. Jahrhunderts speziell in Preußen (1808) eröffnete Möglichkeit justizförmiger Kontrolle der Verwaltung wurde nach dem Wiener Kongreß stufenweise wieder abgebaut und 1842 bei polizeilichen Verfügungen ganz aufgehoben. Die Verwaltung beurteilte wieder selbst, ob ihr Handeln rechtmäßig war" (M. Stolleis: Geschichte des öffentlichen Rechts in Deutschland, Bd. 2, S. 240 f.).

Ausnahmen darstellten.[45] Angesichts der Tatsache, dass sogar der Oberpräsident der Rheinprovinz selbst – wie schon ausgeführt – dem Kultusminister ziemlich genau zwei Jahre zuvor gemeldet hatte, der fragliche Artikel 45 scheine *schon während der letzten Zeit der französischen Herrschaft nicht gehandhabt worden zu sein und ist später gänzlich vergessen oder als antiquirt betrachtet worden, so daß verschiedene öffentliche Prozessionen namentlich am Frohnleichnamstage fast in allen Städten üblich sind und unangefochten gehalten werden,*[46] und angesichts der Tatsache, dass der Kultus-

---

45 Kultusminister Eichhorn und Innenminister v. Arnim an den Kirchenvorstand von Krefeld/St. Dionysius am 22. Juli 1844 (Abschriften: BDA, Gvo Krefeld/St. Dionysius Nr. 8,1; GStA PK, I. HA Rep. 77 Tit. 413 Nr. 95. Druck: G. Schwamborn [Hrsg.]: Zum 80jährigen Bestehen der Krefelder Fronleichnamsprozession, S. 8. Die Textwiedergabe folgt den Abschriften): *Des Königs Majestät haben die Immediatvorstellung des katholischen Kirchen-Vorstandes vom 9ten Juni c. unberücksichtigt an uns zur ressortmäßigen Bescheidung zu remittiren geruht. Wir setzen den katholischen Kirchenvorstand hiervon mit dem Eröffnen in Kenntniß, daß es bei der seit Wiederherstellung des katholischen Gottesdienstes in dortiger Stadt bestandenen Einrichtung, nach welcher der feierliche Umgang am Frohnleichnamsfeste im Innern der Kirche abgehalten wird, auch für die Folge um so mehr sein Bewenden behalten muß, als solches für Orte von confessionell gemischter Bevölkerung überhaupt [die] Regel ist, und die Ausnahme in den Städten Aachen, Cöln etc., worauf sich der katholische Kirchenvorstand in der Immediatvorstellung bezogen hat, auf besondern geschichtlichen und anderen Gründen beruhen, welche bei Ihrer Gemeine nicht eintreten.*
46 Der Oberpräsident der Rheinprovinz an Kultusminister Eichhorn am 16. Juli 1842 (GStA PK, I. HA Rep. 76 IV Sekt. 1 Abt. XIV Nr. 1 Bd. 2. Siehe Anm. 40).

minister selbst in seinem Antwortschreiben gegenüber dem Oberpräsidenten eingeräumt hatte, es sei *bekannt, daß in der bei weitem größten Mehrzahl der linksrheinischen Städte, auf welche das Gesetz* [d. h. Art. 45 der Organischen Artikel] *passen würde, die Durchführung desselben entweder niemals erfolgt oder doch den Katholiken die Gestattung der früher hergebrachten öffentlichen Prozessionen theils stillschweigend, theils ausdrücklich wieder nachgegeben worden ist,*[47] drängt sich der Verdacht auf, dass den Ministerien die Unrichtigkeit der im Ablehnungsbescheid enthaltenen Behauptungen sehr wohl bewusst war. Das Bedürfnis, den antikatholischen Kultrepressionskurs der Krefelder Oberschicht zu decken, welcher der Stadt diesbezüglich eine Sonderstellung im Rheinland sicherte, scheint in Berlin so stark gewesen zu sein, dass man auch vor unwahren Behauptungen nicht zurückschreckte.

Der über die erneute Abfuhr enttäuschte und frustrierte Krefelder Pfarrer Reinarz kontaktierte daraufhin im September 1844 wieder Koadjutor Geissel, um sich mit ihm über das weitere Vorgehen zu beratschlagen.[48] Er warf den Berliner Ministerien Uninformiertheit vor, denn *die Frohnleichnamsumzüge finden vielmehr allenthalben in der Rheinprovinz statt, gleichviel ob die Bevölkerung confessionell gemischt ist oder nicht, selbst an Orten, wo sie vordem einige Zeit über sistirt gewesen wie in Cleve und Wesel; nur Crefeld und Meurs bilden noch eine Ausnahme und [es] bildet Cre-*

---

47 Der Kultusminister an den Oberpräsidenten der Rheinprovinz am 6. Oktober 1842 (GStA PK, I. HA Rep. 76 IV Sekt. 1 Abt. XIV Nr. 1 Bd. 2 im Entwurf. Siehe Quelle Nr. 4 im Quellenanhang).
48 Pfarrer Reinarz zu Krefeld an den Kölner Koadjutor v. Geissel am 25. September 1844 (BDA, Gvo Krefeld/St. Dionysius Nr. 8,1. Siehe Quelle Nr. 6 im Quellenanhang).

feld eine Ausnahme, obgleich von den 30.000 Einwohnern, die es zählt, 21.000 katholisch sind. Der Pfarrer berief sich außerdem auf Franz Paul Hermens, als ein bei der Regierung Aachen angestellter Regierungssekretär ein unverdächtiger sachkundiger Gewährsmann, der in seinem 1833 erschienenen ersten Band seines insgesamt vierbändigen ‚Handbuchs der gesammten Staats-Gesetzgebung über den christlichen Kultus und über die Verwaltung der Kirchen-Güter und Einkünfte', einer Sammlung von kommentierten religions-, kirchen- und kultusbezüglichen Rechtstexten, den Artikel 45 als *Anomalie* bezeichnet hatte, *die sich später in den Augen des Gouvernements selbst so auffallend darstellte, daß es nicht mehr Anstand nahm, im gerechten Vertrauen zu dem Geiste der Toleranz und des friedlichen Nebeneinanderlebens der Christen auch die äußern gottesdienstlichen Gebräuche stillschweigend zu gestatten. Zu diesen gehören bei den Katholiken die üblichen Prozessionen, die Austheilung des heiligen Abendmahls in den Wohnungen der Kranken und das Leichengepränge.*[49] Obwohl Pfarrer Reinarz zu seinen Gunsten den allgemeinen Usus im Rheinland, der sogar in einem weit verbreiteten Handbuch für die Staatsverwaltung schriftlich für jedermann nachlesbar bezeugt worden war, geltend machen konnte, war nun guter Rat teuer, denn nachdem die Berliner Ministerien die Position des Krefelder Bürgermeisters und des Krefelder Landrats ausdrücklich gedeckt hatten, stand seine Aussicht auf die Genehmigung einer Fronleichnamsprozession noch schlechter als zuvor. Ohne Erlaubnis eine Prozession auszuführen, wie von einigen Mitgliedern des Kirchenvorstandes vorgeschlagen, traute er sich nicht, da er nicht für eventuelle Ausschreitungen, die aus der

---

49 F. Hermens [Hrsg.]: Handbuch der gesammten Staatsgesetzgebung, Bd. 1, S. 499.

zu erwartenden polizeilichen Verhinderung der Prozession erwachsen könnten, haftbar und verantwortlich gemacht werden wollte. Aus Sorge vor verbreitetem Unmut hatte Pfarrer Reinarz es bisher noch nicht einmal gewagt, den Berliner Negativbescheid seinem Kirchenvorstand zu präsentieren. Aber er fürchtete, dass in seiner Gemeinde die Verärgerung über die gefühlte Zurücksetzung und Benachteiligung *so oft auf's neue angefacht* wird, so oft das Fronleichnamsfest ohne Möglichkeit zur Prozession wiederkehrt und so oft evangelische Prediger anlässlich von Leichenzügen und anderen Kultakten in ihrer Amtstracht durch die Krefelder Straßen schreiten.

Der angesprochene Kölner Koadjutor Geissel erklärte sich bereit, die Angelegenheit dem preußischen König in einer Immediateingabe vorzutragen, und wünschte zur Mitvorlage vom Krefelder Pfarrer eine überarbeitete Fassung seiner Beschwerde, in der vor allem darauf abgehoben werden sollte, dass protestantische Geistliche sehr wohl den öffentlichen Raum für religiöse Amtshandlungen nutzen.[50] Nach diesen

---

50 Der Kölner Koadjutor v. Geissel an den Krefelder Pfarrer Reinarz am 7. Oktober 1844 (BDA, Gvo Krefeld/St. Dionysius Nr. 8,1 im Entwurf; Druck: G. Schwamborn [Hrsg.]: Zum 80jährigen Bestehen der Krefelder Fronleichnamsprozession, S. 8 f. Die Wiedergabe folgt dem Entwurf): *Ew. Hochwürden Bericht vom 25. Sept. c., die Abhaltung einer Frohnleichnamsprozession in Crefeld betreffend, habe ich erhalten und finde mich geneigt, diese Angelegenheit immediat Sr. Majestät dem Könige vorzustellen. Jedoch wünsche ich, daß Ew. Hochwürden zu dem Ende ein Bittgesuch an mich anfertigen, welches geeignet ist, Allerhöchstenorts mit vorgelegt zu werden, und daß Sie deshalb in dieser Eingabe an mich die nach Kevelaer ziehenden Prozessionen nicht erwähnen, dagegen namentlich anführen wollen, daß der Prediger im Amtskleide die Leichen*

Vorgaben überarbeitete und erweiterte Pfarrer Reinarz sein Schreiben und schickte es unter neuem Datum noch einmal an den Koadjutor.[51] Darin zitierte er vor allem die einschlägigen Textpassagen aus dem erwähnten ‚Handbuch der gesammten Staats-Gesetzgebung' ausführlich und betonte, dass entgegen Artikel 45 die evangelischen Geistlichen in ihrer Amtstracht bei Leichenzügen durch die Straßen Krefelds gehen, auf dem allen Konfessionen gemeinsamen Friedhof ihre Leichenreden halten und die Absenkung der Särge ins Grab mit Gebeten begleiten würden. Doch Geissel machte offenbar seine erklärte Absicht, sich in einer Immediateingabe unter abschriftlicher Mitvorlage des letzten Schreibens des Krefelder Pfarrers an den König zu wenden, nicht wahr, da auf dem Schreiben des Pfarrers nur ‚ad acta' vermerkt ist, die Quellen keinen Hinweis darauf enthalten und sich in den eingesehenen Akten keine Eingabe findet. Möglicherweise fand Geissel angesichts des ministeriellen Ablehnungsbescheids vom 22. Juli 1844 eine nochmalige Vorstellung an den König chancenlos. So musste in Krefeld das Fronleichnamsfest weiterhin ohne eine außerkirchengebäudliche Prozession gefeiert werden.

---

zum Friedhofe begleite (wenn dies wirklich der Fall ist) und ebenso, wenn etwa bei Leichenzügen oder sonst außer[halb] der Kirche von protestantischer Seite kirchlicher Gesang oder Vortrag statt haben sollte.

51 Pfarrer Reinarz zu Krefeld an den Kölner Koadjutor v. Geissel am 19. Oktober 1844 (BDA, Gvo Krefeld/St. Dionysius Nr. 8,1; Druck: G. Schwamborn [Hrsg.]: Zum 80jährigen Bestehen der Krefelder Fronleichnamsprozession, S. 9–12. Siehe Quelle Nr. 7 im Quellenanhang).

5. Endlicher Erfolg in der Revolution von 1848/49

Vier Jahre später eröffnete dann aber ein Wechsel der politischen Rahmenbedingungen auf lokaler und nationaler Ebene die Chance zur Beendigung der behördlichen Kultrepressionspolitik in Krefeld und zur Etablierung einer alljährlichen Fronleichnamsprozession. Die Revolution von 1848/49 mit ihren Freiheitsverheißungen, wozu auch das Versprechen größerer Religions- und Kirchenfreiheit gehörte, weckten unter den katholischen Gemeindemitgliedern den Wunsch und die Hoffnung, nun endlich die Tradition einer alljährlichen Fronleichnamsprozession begründen zu können. Ein weiterer dies begünstigender und optimistisch stimmender Faktor war der Wechsel im Amt des Krefelder Oberbürgermeisters, insofern der entschiedene Prozessionsgegner Leysner, der schon 1845 zum Landrat ernannt worden war, nach einer längeren Vakanz zu Beginn des Jahres 1848 durch den weit entgegenkommenderen Ludwig Heinrich Ondereyck abgelöst wurde, der die Geschicke der Stadt dann bis 1872 lenkte.[52] Als Pfarrer Reinarz auf vielfaches Drängen seiner Gemeinde, in der *durch die Ergebnisse der letzten Monate [...] die Sehnsucht nach einer Frohnleichnamsprozession auf's Neue erwacht war,* den neuen Oberbürgermeister fragte, ob die Polizei trotz der geänderten politischen Verhältnisse die Erfüllung des allgemeinen Verlangens verhindern würde, entgegnete der Oberbürgermeister, er persönlich stehe einer solchen Prozession positiv gegenüber, aber er müsse sie sich, weil sie eine Neuerung sei, von der Regierung Düsseldorf genehmigen

---

52 Vgl. W. Stratmann: Politik und Verwaltung in Alt-Krefeld, S. 114.

lassen. Weil aber Pfarrer Reinarz von dieser einen erneuten abschlägigen Bescheid befürchtete, zumal derjenige der Ministerien vom 22. Juli 1844 sich in den Düsseldorfer Akten in Abschrift befand, wollte er für dieses Jahr 1848 noch auf eine große Fronleichnamsprozession verzichten, spielte aber, da er seine Gemeinde *gern überraschen und erfreuen* mochte, mit dem Gedanken, wenigstens eine kleine Prozession um die Kirche herum zu führen, wobei er zwei Stationen im Freien und zwei innerhalb der Pfarrkirche St. Dionysius abhalten wollte, die erst vor wenigen Jahren erweitert worden war[53]. Pfarrer Reinarz ersuchte nun am 4. Juni 1848 seinen Oberhirten Geissel, der mittlerweile nach dem Tod von Erzbischof Droste-Vischering im Oktober 1845 auch formell Erzbischof von Köln war, vorsichtshalber um die Billigung einer solchen kleinen Prozession und bat ihn, in Berlin eventuell noch bestehende Bedenken gegen eine große Fronleichnamsprozession auszuräumen zu suchen.[54] Erzbischof Geissel hatte sich nämlich als Abgeordneter in die preußische verfassunggebende Nationalversammlung wählen lassen und hielt sich zwecks Teilnahme an ihr unter anderem vom 26. Mai bis 2. Juli 1848 in Berlin auf,[55] also genau während der Anfrage von Pfarrer Reinarz. „Wiederholt hatte Geissel während dieser Zeit Zutritt zum König und wurde auch an die königliche Tafel gezogen. Den erleichterten Verkehr mit Ministern und anderen hohen Staatsbeamten suchte er zum Besten seiner

---

53 Vgl. R. Besouw: Johann Heinrich Gottfried Reinarz, S. 153–161; K. Vosen: Die katholische Kirche und die Altkatholiken in Alt-Krefeld, S. 205.
54 Pfarrer Reinarz zu Krefeld an den Kölner Erzbischof v. Geissel am 4. Juni 1848 (BDA, Gvo Krefeld/St. Dionysius Nr. 8,1. Siele Quelle Nr. 8 im Quellenanhang).
55 Vgl. E. Hegel: Das Erzbistum Köln 1815–1962, S. 510; O. Pfülf: Cardinal von Geissel, Bd. 1, S. 527–536.

Diöcese oder der kirchlichen Angelegenheiten überhaupt auszunutzen."[56] So hatte er, wie er dem Krefelder Pfarrer von Berlin aus als Antwort mitteilte,[57] in Berlin *mehrfache Schritte gethan*, um die einer Fronleichnamsprozession in Krefeld entgegenstehenden polizeilichen Hindernisse zu beseitigen, aber niemand wollte angesichts der politischen Umbruchsituation die Verantwortung für eine voraussichtlich auf Widerspruch und Widerstand stoßende Neuerung übernehmen. Nach dem Prinzip der vollendeten Tatsachen zu verfahren und ohne ausdrückliche Erlaubnis eine Prozession zu veranstalten, würde aber nach Ansicht von Geissel das obwaltende *Misstrauen der Protestanten gegen vorgebliche eigenmächtige kath. Übergriffe* eher noch verstärken, *da die protest. Abneigung gegen solche äußern kath. Gottesdienstübungen groß ist.* Eine weitere Schürung des in protestantischen und gouvernementalen Kreisen grassierenden Antikatholizismus, den er schon oft erfahren und beklagt hatte,[58] hielt er aber zum gegenwärtigen Zeitpunkt für unklug, weil die Beratungen über die Religionsartikel der auszuarbeitenden Verfassung anstanden und man sich davor hüten müsse, Gegnern einer größeren Unabhängigkeit der Kirchen und einer Begrenzung der staatlichen Kirchenaufsicht *gerade jetzt neue Waffen durch frische Vorfälle, welche man mit Vortheil gegen uns auszubeuten suchen wird, in die Hand zu geben.* Diese Sorge vor der kontraproduktiven Wirkung einer eigenmächtigen voreiligen Abhaltung einer Fronleichnamsprozession erklärt sich also aus den kirchenpolitischen parlamentarischen Dis-

---

56 O. Pfülf: Cardinal von Geissel, Bd. 1, S. 530.
57 Der Kölner Erzbischof v. Geissel an den Krefelder Pfarrer Reinarz am 10. Juni 1848 (BDA, Gvo Krefeld/St. Dionysius Nr. 8,1 im Entwurf. Siehe Quelle Nr. 9 im Quellenanhang).
58 Vgl. z. B. O. Pfülf: Cardinal von Geissel, Bd. 1, S. 336–343 u. 491–515.

kussionen in der Frankfurter Paulskirche und in der preußischen Nationalversammlung darüber, ob den Kirchen das institutionelle Selbstbestimmungsrecht, welches neben der plazetfreien Ämtervergabe- und Satzungshoheit u.a. auch die freie Ausgestaltung des religiös-gottesdienstlichen Lebens einschloss, verfassungsmäßig zugestanden werden sollte.[59] Deshalb plädierte der Erzbischof dafür, in diesem Jahr 1848 *noch in Geduld zu warten* und erst *im nächsten Jahr, wenn einmal die unbedingte Kirchenfreiheit verfassungsmäßig festgestellt ist*, eine ausgedehnte Fronleichnamsprozession anzusetzen. Selbst einer kleinen Prozession um die Kirche stand er skeptisch gegenüber, weil er die Gefahr sah, dass *die dadurch aufgeregten Protestanten darüber sogleich an die preuß. Deputirten hieher berichten*. Auch wenn der Erzbischof dem Krefelder Pfarrer die Letztentscheidung überließ, so ist doch anzunehmen, dass sich Pfarrer Reinarz den deutlichen Winken und Ratschlägen seines Oberhirten fügte.

Im Folgejahr 1849 hatten sich dann freilich die verfassungsrechtlichen Rahmenbedingungen grundlegend zugunsten der organisierten kollektiven Religionsausübung im öffentlichen Raum geändert, denn die von König Friedrich Wilhelm IV. oktroyierte preußische Verfassung vom 5. Dezember 1848 garantierte, die bisherige drückende, bis zum Staatskirchentum gesteigerte Kirchenherrschaft des Staates beendend, den Gläubigen in Artikel 11 *die Freiheit des religiösen Bekenntnisses […] und der gemeinsamen öffent-*

---

59 Vgl. H. Zwirner: Die Entstehung der Selbstbestimmungsgarantie der Religionsgesellschaften i. J. 1848/49; W. Becker: Bürgerliche Freiheit und Freiheit der Kirche im Epochenjahr 1848; M. Friedrich: Die Anfänge des neuzeitlichen Staatskirchenrechts, S. 25–29; P. Landau: Die Entstehung des neueren Staatskirchenrechts in der deutschen Rechtswissenschaft der zweiten Hälfte des 19. Jahrhunderts, S. 33–40.

lichen Religions-Übung und den Kirchen in Artikel 12 die Selbstständigkeit bei der Ordnung und Verwaltung ihrer Angelegenheiten. Diese Gewährleistung der individuellen Bekenntnis- und Kultusfreiheit, deren Inanspruchnahme durchaus auch öffentlichkeitswirksam und gemeinschaftlich erfolgen konnte, in Verbindung mit dem Zugeständnis der korporativen Kirchenautonomie, die sich auch auf den kirchenoffiziellen Gottesdienst bezog, machten zusammengenommen eine prinzipielle polizeiliche Unterbindung einer Fronleichnamsprozession verfassungswidrig und den von den Krefelder Behörden immer beschworenen Art. 45 der ‚Organischen Artikel' endgültig obsolet. Die revidierte preußische Verfassung vom 31. Januar 1850, die im Prinzip bis 1918 in Kraft blieb, übernahm diese Bestimmungen inhaltlich unverändert in den Artikeln 12 und 15.[60] Weil somit, wie Erzbischof Geissel prophezeit hatte, einer Fronleichnamsprozession wie überhaupt der Etablierung einer Prozessionstradition rechtlich kein Hindernis mehr in den Weg gelegt werden konnte und durfte, war Pfarrer Reinarz entschlossen, nun endlich, die Gunst der Stunde und die neue Rechtslage nutzend, unter ausdrücklicher Berufung auf die oktroyierte Verfassung eine Fronleichnamsprozession abzuhalten. Er entwarf, sich die Kölner Fronleichnamsprozession zum Vorbild nehmend, ein Programm für die Prozession, welches er dem Generalvikar

---

60 Speziell zu Genese und Inhalt der Religions- und Kirchenartikel der preußischen Verfassung von 1848/50 vgl. H. Zwirner: Die Entstehung der Selbstbestimmungsgarantie der Religionsgesellschaften i. J. 1848/49, S. 229–259; P. Landau: Die Entstehung des neueren Staatskirchenrechts in der deutschen Rechtswissenschaft, S. 37–40; Ders.: Das Kirchenrecht des Allgemeinen Landrechts für die Preußischen Staaten im 19. Jahrhundert, S. 168–174; E. Huber: Deutsche Verfassungsgeschichte seit 1789, Bd. 3, 3. Aufl., S. 105–107 u. 114–118.

zur Genehmigung vorlegte.[61] Diese erste Fronleichnamsprozession nach über 200 Jahren gedachte Pfarrer Reinarz mit aller erdenklichen Ausstattungsopulenz und Inszenierungstheatralik zu begehen, was ihr Züge einer Freilichtopernaufführung verlieh. So sah der den *Himmel* behandelnde Punkt 22 des dem Schreiben an den Kölner Generalvikar beigelegten Plans für die *Organisation der Frohnleichnamsprozession für die Stadt Crefeld* vor: *Ihn* [d. h. den Traghimmel] *umgeben neun in weißseidene Talare und zierliche Pallis von blauem Sammet gekleidete Knaben, die neun Chöre der Engel vorstellend und biblische Symbole tragend. Die Himmelsträger haben Talare von rothem Sammet und ein Oberkleid von weißem Tibet. Einer der Geistlichen trägt das Sanctissimum, zwei der Herren Kirchmeister halten währenddeß die Ecken des Pluvials. Nach dem Segen an jeder der vier Stationen singen zwei vom Männerchore das griechische Hagios ho theos! Hagios Ischyros! Hagios Athanatos! Eleison hemas!, zwei andere das lateinische Sanctus Deus! Sanctus Fortis!*

---

61 Pfarrer Reinarz zu Krefeld an den Kölner Generalvikar Baudri am 14. Mai 1849 (BDA, Gvo Krefeld/St. Dionysius Nr. 8,1): *In Folge des Artikels 11 der Verfassungsurkunde vom 5. Dez. v. J. bin ich gesonnen, in diesem Jahre eine Frohnleichnamsprozession auszuführen. Zur würdigen Abhaltung derselben habe ich nach der großen Kölner Prozession ein Programm entworfen, welches anzuschließen ich mir erlaube. Da meine Gemeinde sich um so eher mit der getroffenen Einrichtung zufrieden geben wird, wenn selbe die Zustimmung der Erzbischöflichen Behörde gefunden hat, bin ich so frei, hiermit um dieselbe gehorsamst zu bitten.* – Der dem Schreiben beigelegte und in der genannten Akte vorhandene Plan für die *Organisation der Frohnleichnamsprozession für die Stadt Crefeld* legte im Wesentlichen die Reihenfolge der Teilnehmergruppen und die mitgeführten Insignien (Kreuz, Fahnen, Leuchter, Evangeliumsbuch, Himmel) fest.

Sanctus Immortalis! Miserere nobis! Dann nähern sich dem Sanctissimum drei Knaben und singen kniend: Heiliger Dreieiniger! Heiliger Starker! Heiliger Unsterblicher! Erbarme dich unser! Die übrigen Herren Kirchmeister und Provisoren folgen dem Himmel mit brennenden Fackeln. Ihnen reihen sich auch noch andere Bürger an, brennende Fackeln tragend. In einer Besprechung im Kölner Generalvikariat unter Vorsitz von Generalvikar Baudri wurde über das Programm beraten und eine gewisse *Überladung mit Symbolen und Inschriften* bemängelt. Aber weil *dergleichen sich bei fast allen Processionen fände* und das Programm nichts direkt Verbotenes enthalte, gab die Konferenz dem Generalvikar grünes Licht, seine Zustimmung zur Krefelder Fronleichnamsprozession und zu ihrer geplanten Ausgestaltung zu geben.[62]

---

62 Aktenvermerk (BDA, Gvo Krefeld/St. Dionysius Nr. 8,1): *Vorgetragen in der Sitzung vom 16. Mai 1849, worin anwesend waren die Herren Generalvikar Baudry, Official Dr. München, die Domkapitulare Strauß, Trost und Herr Kanzler von Groote. Gegen die Abhaltung der Prozession fand keiner der Herren etwas zu erinnern, wohl aber gegen die im Programm enthaltene Überladung mit Symbolen und Inschriften. Es wurde indessen hiergegen bemerkt, daß dergleichen sich bei fast allen Processionen fände und man nur das verbieten könne, was kirchlich wirklich verboten sei. Solches finde sich indessen hier nicht vor. Aus diesem Grunde ist denn auch von allen Bemerkungen gegen das Programm abgesehen und die Rückäußerung in nachfolgender Weise gefaßt worden.*
Der Kölner Generalvikar Baudri an Pfarrer Reinarz zu Krefeld am 16. Mai 1849 (BDA, Gvo Krefeld/St. Dionysius Nr. 8,1 im Entwurf): *Zu der von Euer Hochwürden beabsichtigten diesjährigen Frohnleichnamsprozession wird die erbetene Zustimmung hiermit ertheilt, was wir Ihnen auf Ihre Eingabe vom 14. dieses [Monats] hierdurch eröffnen.*

Ohne sich mit der Bitte um eine polizeiliche Genehmigung der Prozession aufzuhalten, meldete daraufhin Pfarrer Reinarz einfach apodiktisch seinem Oberbürgermeister, dass er *auf Wunsch der Gemeinde und in Folge der Verfassung vom 5. Dez. v. J. beschlossen habe, am nächsten Frohnleichnamstage eine Prozession auszuführen* und zeigte ihm den Prozessionsweg mit den vier Stationen an.[63] Der Oberbürgermeister reichte die Mitteilung dem am Ort residierenden Landrat Leysner weiter mit der Bemerkung, daß er *mit Rücksicht auf die veränderten Zeitverhältnisse und auf die Bestimmungen der Verfassungsurkunde vom 5. Dezbr. 1848 und in Betracht, daß fast in allen andern Orten der Rheinprovinz, wo katholische Gemeinden sind, diese Prozessionen bisher schon statt fanden*, keine Rechtsbasis und keinen Grund zu einem Einwand sehe.[64] Der Landrat, der sich als früherer Bürger-

---

63 Pfarrer Reinarz zu Krefeld an den dortigen Oberbürgermeister Ondereyck am 31. Mai 1849 (StAKr, Bestand 4 Nr. 1496): *Ich beehre mich, Ew. Hochwohlgeboren pflichtschuldigst anzuzeigen, daß ich auf den Wunsch der Gemeinde und in Folge der Verfassung vom 5. Dez. v. J. beschlossen habe, am nächsten Frohnleichnamstage eine Prozession auszuführen. Der Zug soll sich über Straßen bewegen, auf welchen am wenigsten auch nur eine momentane Hemmung der Communication* [d. h. des Straßenverkehrs] *zu befürchten steht. Wir ziehen nämlich über die lutherische Kirchstraße zur Meurserstraße hin, wo die 1te Station gehalten wird; von da bis gegen die Königstraße, um dort die 2te Station zu halten; dann der Königstraße entlang bis zur Dreikönigenstraße. Hier wird umgelenkt auf die Breitestraße, die Stelle für die 3te Station, und darauf geht der Zug geraden Weges zum Dionysiusplatz hin, um allda die letzte Station abzuhalten. Zu leichtern Handhabung der Ordnung hat eine Abtheilung der Bürgerwache mir ihre Mitwirkung bereitwillig zugesagt.*
64 Der Oberbürgermeister von Krefeld an den dortigen Landrat Leysner am 1. Juni 1849 (StAKr, Bestand 4 Nr. 1496 im Entwurf):

meister von Krefeld zwanzig Jahre zuvor vehement gegen eine Fronleichnamsprozession ausgesprochen hatte, fügte sich anstandslos in die neuen Rechtsverhältnisse.[65] So konnte dann am Fronleichnamstag des Jahres 1849, am 7. Juni d. J., zum ersten Mal seit langer Zeit wieder in Krefeld eine feierliche öffentliche Fronleichnamsprozession stattfinden, deren Ordnung Pfarrer Reinarz detailliert festgelegt hatte.[66]

> *Der hiesige Pfarrer Herr Dechant Reinarz hat mir vor kurzem mündlich und jetzt schriftlich die Anzeige gemacht, daß er auf den Wunsch seiner Gemeinde [hin] am Frohnleichnamstage eine Prozession in hiesiger Stadt zu veranstalten beabsichtige, wobei solche Straßen ausgewählt sind, auf welchen am wenigsten auch nur eine momentane Hemmung der Communication* [d. h. des Verkehrs] *zu besorgen ist. Ich beehre mich, Abschrift der obigen Anzeige hier beizufügen unter dem Bemerken, daß solche Prozessionen bisher hier nicht gebräuchlich waren. Mit Rücksicht auf die veränderten Zeitverhältnisse und auf die Bestimmungen der Verfassungsurkunde vom 5. Dezbr. 1848 und in Betracht, daß fast in allen andern Orten der Rheinprovinz, wo katholische Gemeinden sind, diese Prozessionen bisher schon statt fanden, dürfte meines Erachtens gegen diese kirchliche Feier nichts einzuwenden sein.*

65 Der Landrat von Krefeld an den dortigen Oberbürgermeister am 2. Juni 1849 (StAKr, Bestand 4 Nr. 1496): *In Erwiederung auf den Bericht vom 1. d. M. finde ich gegen die Veranstaltung einer Procession am Frohnleichnamstage hierselbst mit Rücksicht auf die Art. 11 und 27 der Verfassungsurkunde und da durch die Procession die Communication nicht wesentlich unterbrochen wird, nichts zu erinnern* [d. h. einzuwenden].

66 Der Aufstellungsplan mitsamt *Erläuterungen* ist überliefert in BDA, Gvo Krefeld/St. Dionysius Nr. 8,1 und abgedruckt in S. Peglow: Die Krefelder Fronleichnamsprozession, S. 199–201. Da die vorliegende Studie nicht liturgiehistorisch ausgerichtet ist, soll hier nicht weiter auf die konkrete Ausgestaltung der Prozession eingegangen werden.

Nach dem Fronleichnamsfest berichtete Pfarrer Reinarz mit fühlbarem Stolz dem Kölner Erzbischof,[67] dass die erste Krefelder Fronleichnamsprozession nach einer Unterbrechung von 242 Jahren *ein sehr lange[r] und glänzende[r] Zug* gewesen war, welcher sich in musterhafter Ordnung und ohne Zwischenfälle *würdevoll und erbaulich* durch die Straßen der Stadt bewegt habe, an deren Ausschmückung sich sogar Protestanten freiwillig beteiligt hätten. Zwar waren einige Protestanten am Morgen des Festtages abgereist, *wahrscheinlich um nicht Zeuge unseres Götzendienstes sein zu müssen*, aber Pfarrer Reinarz war zuversichtlich, dass diese *Auswanderer* in den kommenden Jahren zu Hause bleiben werden. Erzbischof Geissel, erkennbar emotional Anteil nehmend, belobigte und beglückwünschte Pfarrer Reinarz dafür,

---

67 Pfarrer Reinarz zu Krefeld an den Kölner Erzbischof Geissel am 9. Juni 1849 (BDA, GvO Krefeld/St. Dionysius Nr. 8,1): *Ew. Erzbischöflichen Gnaden gebe ich mir die Ehre, dienstergebenst anzuzeigen, daß wir nach einer Unterbrechung von 242 Jahren vorgestern wieder die erste Frohnleichnamsprozession dahier abgehalten haben. Der sehr lange und glänzende Zug bewegte sich ganz nach dem anliegenden Programme durch die Straßen der Stadt. Die Ordnung war dabei musterhaft und die Haltung des Ganzen durchweg würdevoll und erbaulich. Ich lebe [in] der frohen Hoffnung, daß dieses Ereigniß einen nachhaltigen guten Einfluß auf die Gemeinde behaupten und sie aufs Neue für Gottes heilige Sache beleben werde. Die Meisten der Protestanten schlossen sich den Katholiken an, indem sie an der Ausschmückung der Straßen, worüber der Zug sich bewegte, freiwilligen Antheil nahmen. Nur Einige Wenige will man am Morgen des Festes verreisen gesehen haben, wahrscheinlich um nicht Zeuge unseres Götzendienstes sein zu müssen. Bei der allgemeinen Anerkennung indeß, welche die Prozession gefunden hat, steht zu gewärtigen, daß diese Auswanderer für die kommenden Jahre schon zu Hause bleiben werden.*

dass es ihm nach einem zwanzig Jahre währenden Kampf schließlich gelungen war, in Krefeld die Tradition einer alljährlichen Fronleichnamsprozession neu zu begründen.[68]

---

68 Der Kölner Erzbischof Geissel an den Krefelder Pfarrer Reinarz am 16. Juni 1849 (BDA, Gvo Krefeld/St. Dionysius Nr. 8,1 im Entwurf; Druck der Ausfertigung: G. Schwamborn [Hrsg.]: Zum 80jährigen Bestehen der Krefelder Fronleichnamsprozession, S. 14. Die Textwiedergabe folgt dem Entwurf): *Mit lebhafter Freude habe ich Ew. Hochwürden Bericht vom 9. d. Mts. über die am h. Frohnleichnamsfest in Crefeld abgehaltene Prozession gelesen und kann nicht unterlassen, ebenso meine innige Antheilnahme an diesem für die dortige Gemeinde so lange gehofften u. bedeutungsvollen Ereigniß zu äußern, als auch Ew. Hochwürden meine volle Anerkennung für den regen Eifer u. für die sachentsprechende Umsicht, womit Sie diese schöne Feier angeordnet u. geleitet haben, auszusprechen. Wie diese erhabene Feier nach so langer Unterbrechung für die kathol. Gemeinde in diesem Jahre gewiß sehr erfreulich gewesen ist, so hoffe ich, wird dieselbe auch in Zukunft auf die volle Entwicklung des religiösen Lebens in Crefeld segenreich wirken.*

6. Schlussüberlegungen

Abschließend soll, bereits Gesagtes aufgreifend und weiterführend, begründet werden, weshalb die Auseinandersetzungen um die Krefelder Fronleichnamsprozession als lokaler Kulturkampf qualifiziert und damit in die das 19. Jahrhundert charakterisierende lange Reihe von Kulturkämpfen in Deutschland und Europa[69] eingeordnet werden können.

Kulturkampftypisch ist erstens das staatliche Streben nach Diskriminierung und Bedeutsamkeitsdegradierung des kirchlichen Gottesdienstes mittels Beschneidung seines Öffentlichkeitscharakters, was sich in der Bemühung konkretisierte, die katholische Kultausübung aus der Sichtbarkeit des öffentlichen Raums in die Verborgenheit und Abgeschlossenheit des Kircheninnenraums zurückzudrängen. Als Teil der Bemühung um „Ausschaltung der katholischen Kirche aus dem öffentlichen Leben"[70] sollte die katholische Kultpraxis durch die Verschließung des öffentlichen Raums als beliebte Bühne für sie in ihrer Außenwirkung, Publizität und Attraktivität

---

69 Zur gemeindeutschen und -europäischen Dimension der Kulturkämpfe im ‚langen' 19. Jahrhundert vgl. u. a. C. Clark/W. Kaiser [Hrsg.]: Kulturkampf in Europa im 19. Jahrhundert; U. Lappenküper [u.a.] [Hrsg.]: Europäische Kulturkämpfe und ihre gegenwärtige Bedeutung; R. Lill/F. Traniello [Hrsg.]: Der Kulturkampf in Italien und in den deutschsprachigen Ländern; Rottenburger Jahrbuch für Kirchengeschichte 15 (1996) [enthält die Vorträge einer Tagung zum Thema ‚Kulturkampf und Kulturkämpfe']; W. Becker: Der Kulturkampf als europäisches und als deutsches Phänomen; C. Clark: Kulturkampf und europäische Moderne; M. Borutta: Antikatholizismus, passim, insbes. S. 11–16 u. 392 f.
70 W. Altgeld: Katholizismus, Protestantismus, Judentum, S. 200.

gemindert und tendenziell privatisiert werden.[71] Dies traf neben den überörtlichen Wallfahrtszügen insbesondere die lokalen Prozessionen, welche eine wichtige Komponente des pfarramtlichen Gottesdienstspektrums im Kirchenjahr (z.B. an Mariä Lichtmess, am Palmsonntag, an Christi Himmelfahrt, an Pfingsten, an Fronleichnam, am Kirchweihfest)[72] und eine in der katholischen Bevölkerung sehr beliebte Devotionsform bildeten. Das kulturkampfspezifische Projekt der Säkularisierung des öffentlichen Raums entsprang keineswegs allein theoretischen weltanschaulichen oder staatskirchenrechtlichen Grundsatzüberlegungen, sondern hatte auch ein klares quasiklassenkämpferisches Herrschaftssicherungsmotiv. Diesen antipopularen Machterhaltungsimpetus einer Funktionselite als Beweggrund für kulturkämpferische Aktionen, den vor allem M. Anderson herausgearbeitet hat,[73] kommt im Fall Krefeld besonders deutlich zum Ausdruck. Die Oberschicht imaginierte eine Fronleichnamsprozession als usurpatorische Okkupierung des öffentlichen städtischen Raums durch den niederen, überwiegend katholischen Pöbel, als Angriff des ‚Straßenkatholizismus' auf die liberalen Leitwerte *Bürgerthum und Humanität,* wodurch sie ihre politisch-ökonomische Hegemonie visuell und symbolisch in Frage gestellt fühlte. Dementsprechend suchte sie ihren Hegemonialstatus dadurch zu demonstrieren und zu stabilisieren, dass sie die religiösen Lebensäußerungen der Unterschichten aus dem öffentlichen Raum verstieß. Die Kultuspolitik in

---

71 Vgl. V. Speth: Der Kampf um den öffentlichen Raum; Ders.: Kulturkampf und Volksfrömmigkeit.
72 Vgl. A. Heinz: Die sonn- und feiertägliche Pfarrmesse, S. 129–179; D. Moser: Jahreslauf und Feste, S. 355–415.
73 M. Anderson: The Kulturkampf and the course of German history; Dies.: Liberalismus, Demokratie und die Entstehung des Kulturkampfes; Dies.: Anatomy of an election.

Gestalt einer Herstellung und Wahrung der Säkularität des öffentlichen Raums war Teil und Fortsetzung der Machtpolitik. Das Herrschaftssicherungsmotiv wurde verstärkt durch das konfessionelle Motiv, da die sozialen mit den konfessionellen Fronten und Grenzlinien, wie oben ausgeführt, konvergierten. Diese Verschmelzung mit dem Konfessionsantagonismus, welcher im Vormärz durch die Kölner Wirren und die Mischehenstreitigkeiten gerade im Rheinland neu angefacht wurde, verlieh dem Kampf um die Fronleichnamsprozession in Krefeld eine besondere Verbissenheit.

Diese polarisierenden innerstädtischen Konfessionsgegensätze zwischen einer protestantisch geprägten Oberschicht und einer vorwiegend katholischen Unterschicht waren eine Ursache und ein Nährboden für das zweite Charakteristikum, das den Auseinandersetzungen in Krefeld Züge eines Kulturkampfes gab. Als wichtiger Beweggrund und mentaler Hintergrund für den Widerstand der Notabeln gegen die Institutionalisierung einer Fronleichnamsprozession fungierte nämlich ein im 19. Jahrhundert virulenter Antiklerikalismus[74], ein „gesellschaftlich verankertes Massenphänomen"[75], welches ein Kernelement des im 19. Jahrhundert verbreiteten, zu Recht als „Jahrhunderttatbestand"[76] bezeichneten Antikatholizismus darstellte, sich in einer zelotischen Skandalisierung und Dämonisierung des katholischen Klerus äußerte und in der Horrorvision einer ultramontanen papistisch-jesuitischen Weltverschwörung[77] zwecks Eliminierung des

---

74 Siehe die in Anm. 19 genannte Literatur.
75 W. Kaiser: Kampf den Ultramontanen, S. 38.
76 T. Nipperdey: Deutsche Geschichte 1800–1866, S. 415.
77 W. Altgeld (Katholizismus, Protestantismus, Judentum, S. 197 f.) bezeichnet die Vorstellung „eines allumfassenden römisch-hierarchischen Verfinsterungssystems" als „die zwischen Aufklärung und zwanzigstem Jahrhundert zählebigste

Protestantismus und des Liberalismus gipfelte. Einen beliebten antiklerikalen Topos aufgreifend, wurde das Schreckensszenario evoziert, der Klerus wolle aus Herrschsucht und Allmachtstreben den städtischen Protestantismus vernichten und die Stadtherrschaft übernehmen. Die Verteidigung des Protestantismus vor den – in der zeitgenössischen Diktion – ‚Anmaßungen der Hierarchie' schien vermeintlich zu fordern, den öffentlichen Raum als rein säkulare Sphäre vor den aggressiven Bemächtigungsversuchen des Klerus zu schützen, dem der Gottesdienst lediglich als Deckmantel und Instrument für seine weltlichen Dominanzgelüste und protestantismusfeindlichen Umtriebe dient.

Insgesamt avancierten also die Auseinandersetzungen in Krefeld dadurch zu einem lokalen Kulturkampf in der Tradition der vielen das 19. Jahrhundert kennzeichnenden Kulturkämpfe, dass die städtische Elite mit der Verbannung von Gottesdiensten aus dem öffentlichen Raum diesen gewissermaßen säkularisieren wollte und dass ein manifester, antikatholisch grundierter Antiklerikalismus eine zentrale Triebfeder dafür darstellte.

Das liberale kulturkämpferische Elitenprojekt der Reinigung bzw. Reinhaltung des öffentlichen Raums von Frömmigkeitsartikulationen stieß freilich auf den Widerstand der katholischen Kirche und Bevölkerung. „Denn der Katholizismus widersprach der Unterscheidung von Politik bzw. Öffentlichkeit und Religion auf eklatante Weise. Seine Symbole und Rituale beanspruchten von jeher öffentlichen

---

Verschwörungsthese", die er als Versuch deutet, „das einem säkularistischen Denken Unbegreifliche zu erklären", nämlich die bleibende Massenverwurzelung und den popularen Rückhalt der gegen den liberalen Wertekosmos und den modernen Zeitgeist opponierenden katholischen Kirche.

Raum."[78] Die Kirche drängte verstärkt nach kultischer Öffentlichkeitspräsenz, als sie in nachnapoleonischer Zeit eine innere Erneuerung, institutionelle Festigung und geistig-mentale Neuorientierung erfuhr, in deren Verlauf gerade die traditionellen Frömmigkeitsformen, welche im Zeitalter der katholischen Aufklärung von den Herrschafts- und Deutungseliten marginalisiert, deplausibilisiert und zum Teil auch eliminiert worden waren, unter dem Banner des Ultramontanismus rehabilitiert und in das Kirchenleben reintegriert wurden. Nachdem im Rheinland andernorts Wallfahrten und Prozessionen ungehindert stattfinden konnten, räumte die Revolution von 1848/49, die gerade der katholischen Kirche einen Freiheitszuwachs bescherte, die politischen und staatskirchenrechtlichen Barrieren beiseite, welche bisher in Krefeld einer Nutzung des öffentlichen Raums als Schauplatz für Gottesdienste im Weg gestanden hatten. Somit ist der Ausgang des Streits um die Krefelder Fronleichnamsprozession ein Beispiel für die im 19. Jahrhundert partiell auch feststellbaren Resakralisierungs- und Rechristianisierungstendenzen.

---

78 M. Borutta: Antikatholizismus, S. 15.

Quellenanhang

1. Der Bürgermeister von Krefeld, Leysner, an den dortigen Landrat am 8. Januar 1829[1]

Ew. Hochwohlgeboren haben mich durch das vertrauliche Schreiben vom 4ten d. M. davon in Kenntniß gesetzt, daß die hiesige katholische Gemeinde bei der königlichen Regierung auf die Gestattung eines feierlichen Umzuges durch die hiesige Stadt resp. Gemeinde angetragen habe, und wünschen Hochdieselben meine Meinung darüber zu erfahren, ob es unter den gegenwärtigen Umständen wohl geeignet sey, eine Ausnahme von der Bestimmung des art. 45 der Organischen Artikel vom 18. Germinal des Jahres 10 zu befürworten. Da ich mich freimüthig über den in Frage stehenden Gegenstand aussprechen soll, so kann ich vor allem nicht verschweigen, daß hochihre Mitteilung einen sehr ernsten Eindruck auf mich gemacht u. mich mit Besorgnissen erfüllt hat, die, wie ich glaube, durch die nachfolgenden Betrachtungen und ohne mich von dem Standpunkte einer vernünftigen Toleranz zu entfernen, gerechtfertigt werden.

Zunächst scheint es mir zur Beantwortung der Frage nothwendig zu seyn, die bisherige Stellung der Protestanten und Katholiken gegen einander, wie solche sich historisch in der hiesigen Gemeinde gestaltet hat, näher zu berücksichtigen. Bekanntlich waren unsere frühern Landesherrn, die Grafen von Moers, eifrige Beförderer der Reformation und verschafften der neuen Lehre überall in den ihnen zugehörigen Ländern Eingang, so daß sich dieselbe dort fast

---

1 StAKr, Bestand 3 Nr. 486 im Entwurf. Die in diesem Schreiben erwähnten beiden Kabinettsordern liegen in dieser Akte in Abschrift bei.

ausschließlich geltend machte. Auch die Gemeinde in Crefeld ging ganz zum Protestantismus über, so daß über ein Jahrhundert keine katholische Gemeinde hier bestand. Erst durch die Allerhöchste Cabinetsordre vom 21. Dez. 1743, die ich in Abschrift beizufügen mich beehre, erhielten die hier wohnen[den] Katholiken das Recht der freien Ausübung ihrer Religion, jedoch unter andern mit der ausdrücklichen Einschränkung, daß sie ihren Gottesdienst in gebührender Stille abwarten und also unter was vor Praetext [d. h. Vorwand] *es auch seyn möge, weder processiones in der Stadt und auf dem Lande noch außerhalb dem mehrangeführten (zugleich zum Gottesdienst bestimmten) Schulhause, in welchem sie jedoch alle bey ihnen gebräuchliche Ceremonien mit denen Creutzen, Lichtern, Weihwasser beobachten können, dergl. öffentlich gebrauchen, sondern wenn das Sacrament bey einem Kranken gebracht werden muß, solches ohne Begleitung anderer Leute über die Straßen in aller Stille unter einem Mantel getragen, auch von Niemandem durch Klingen das Bücken oder Niederknien auf der Straße oder sonsten vor dasselbe eine Devotion zu bezeugen gefordert werden solle.*

Als sie später durch die allerhöchste Kabinets-Order vom 30. Mai 1749, die ich ebenfalls abschriftlich beifüge, die Vergünstigung erhielten, eine Kirche in Crefeld bauen zu dürfen, wurde ausdrücklich bestimmt, daß sie sich im Übrigen der frühern Concession gemäß zu verhalten und deren Inhalt auf das Genauste jederzeit zu befolgen hätten, und [es] wurde die Meursische Regierung nochmahlen befehligt, wohl zu vigiliren, daß derselben nicht entgegen gehandelt werde, widrigenfalls die gegenwärtige Concession (zum Kirchenbau) null, nichtig und erloschen seyn solle. Diese gesetzlichen Bestimmungen galten bis zur französischen Herrschaft und [es] wurde bis dahin jede Übertretung, die die Geistlichen auch damals schon versuchten, strenge ge-

ahndet, wie die in dem hiesigen städtischen Archiv beruhenden Akten deutlich nachweisen.

Die französische Herrschaft änderte in der gegenseitigen Stellung der Evangelischen und Katholiken nichts; im Gegentheil bestätigte sie durch ein Gesetz den vorgefundenen Zustand der Dinge und bestimmte in art. 45 der Organischen Artikel des Vertrages vom 26. Messidor des Jahres 9 [mit dem „Vertrag" ist das Konkordat Napoleons mit Papst Pius VII. von 1801 gemeint] *ausdrücklich: „Aucune cérémonie religieuse n'aura lieu hors des édifices consacrés au culte catholique dans les villes, où il y a des temples destinés à différens cultes."*

Diese gesetzliche Bestimmung besteht bis auf den heutigen Tag noch in voller Kraft und hat auch durch die päpstliche Bulle 'De salute animarum', die ihrer Natur nach nur in Betreff der Einrichtung der katholischen Kirche neue Anordnungen feststellte, ohne das Verhältnis zu den Protestanten nur zu berühren, keine Alteration erfahren, was auch noch ausdrücklich durch die Allerhöchste C.O. [d.h. Kabinettsorder] *v. 23. Aug. 1821 bestätigt worden ist, indem dort der vorerwähnten Bulle nur die Sanction ertheilt wird unbeschadet der Rechte der evangelischen Unterthanen und der evangelischen Kirche.*

In der That würde es aber eine arge Verletzung des Status quo seyn, wenn man, einem dreihundertjährigen Herkommen und Recht entgegen, wider die klaren und ausdrücklichen Worte des Gesetzes und ungeachtet der Allerhöchsten Verheißungen und Zusicherungen den hiesigen katholischen Einwohnern oder vielmehr den katholischen Geistlichen eine Concession einräumen wollte, die offenbar darauf berechnet ist, jene stolzen Anmaßungen des Clerus zu befördern, die sie in der gegenwärtigen Zeit so kühn zu entfalten und zu behaupten suchen, um den Protestantismus immer mehr und mehr zu bekämpfen und denselben aller Rechte zu berauben, die er sich durch blutige Kriege errungen und durch Verträge und durch unvordenklichen Besitzstand Jahrhunderte lang zu behaupten gewußt hat. Zugleich häufen sich die Klagen gegen den Übermuth die katholischen Geistlichen in der hiesigen Gemeinde, die unaufhörlich bemüht sind, nicht nur das gegenseitige Vertrauen in den Familien und zwischen Ehegatten, die durch die engsten und heiligsten Bande vereinigt sind, zu stören, sondern rufen auch geflissentlich die schroffen Gegensätze hervor, deren unduldsame Handhabung das ruhige und ungestörte Zusammenleben gemischter Confessionen an einem und demselben Orte der zu einem gemeinschaftlichen Zwecke verbundenen Bürger unmöglich machen.

Bisher haben wir friedlich nebeneinander gewohnt und uns gegenseitig mit der Achtung geduldet, wie es vernünftigen und wohlwollenden Bürgern geziemt. Alle unsere öffentlichen Anstalten, obgleich sie hauptsächlich von den Protestanten gegründet und dotirt worden sind, stehen den Katholiken zu gleicher Benutzung offen; niemals ist Verschiedenheit des Glaubens ein Grund gewesen, daß die Mildthätigkeit karge Gaben gespendet hat, und bis auf den heutigen Tag sind unsere reichen und wohlhabenden Einwohner, die sich fast ohne Ausnahme zu dem evangelischen Glauben bekennen, uneigennützig darauf bedacht gewesen, das materielle und geistige Wohl ihrer ärmern Mitbürger, ohne von ihnen erst ein Glaubensbekenntniß zu verlangen, zu gründen, zu erhalten und zu befördern. Männer und Frauen haben in dieser Beziehung in gleicher Weise gewetteifert und auf ihren Werken der Liebe und Barmherzigkeit hat unverkennbar des Himmels Segen geruht.

Warum will man nun die Fackel der Zwietracht in diese friedliche Gemeinde werfen, die bisher noch verschont worden ist von dem Brand, den ein unseliger Streit allenthalben entzündet hat. Grade darin bestand bisher das Geheimniß, daß auch in einer Gemeinde aus gemischten Confessionen

Friede und Eintracht herrschen konnte, daß von jeder Seite alles vermieden wurde, was dem andern Anstoß und Ärgerniß war. Alle Ostentation in kirchlichen Dingen, äußeres Gepränge aus Singen und Beten auf öffentlichen Straßen und Plätzen ist von jeher gegen protestantische Grundsätze gewesen und diese Grundverschiedenheit zwischen den beiden Confessionen hat auch die Zeit nicht ausgleichen können. Es kann daher nicht ausbleiben, daß feierliche Umzüge der Katholiken, die hier niemals üblich gewesen, nur schroffe Gegensätze hervorrufen und das Signal zu immer wiederkehrenden Reibungen würden, da die einen Devotion und Kniebeugung verlangen, wo die andern sie versagen zu müssen für nothwendig halten.

Das ganze Manöver hat, je länger ich darüber nachdenke, keinen anderen Zweck, als von Seiten der Geistlichen den offenen Beweis zu führen, daß die katholische Religion, wenn sie sich auch lange vernünftige Beschränkungen hat gefallen lassen müssen, dennoch siegreich aus dem stets bereiten Kampfe hervorgehen müsse. Für sie ist das immer ein Gewinn, wenn auch der Friede einer ganzen Gemeinde darüber zu Grunde geht und die Saat, die Eintracht und gegenseitiges wohlwollendes Zusammenwirken für Bürgertum und Humanität hervorrufen ließ, ungeerntet zu Boden getreten und vernichtet wird.

Allein ich habe das feste Vertrauen zu dem loyalen Sinn unserer wohldenkenden und toleranten Einwohner, daß sie sich kräftig und entschlossen gegen eine Maaßregel stemmen werden, die Unduldsamkeit und blinder Eifer ausgesonnen hat, und gewiß dürfen sie darauf rechnen, daß sie in ihren Bestrebungen, die keinen andern Zweck haben, als Ruhe, Ordnung, Eintracht und Frieden unter uns zu erhalten, von der höhern Behörde zu einer Zeit unterstützt werden, wo alle diese Segnungen verlohren zu gehen drohen.

2. Der Landrat von Krefeld, Melsbach, an die Regierung Düsseldorf am 14. Januar 1839[2]

Durch die nebenbenannte verehrl. Verfügung vom 29. Decemb. v. J. bin ich von Einer Königl. Hochlöbl. Regierung in Kenntniß gesetzt worden, daß die hies. kathol. Gemeinde bey Hochderselben auf die Gestattung eines feierlichen Umzuges am Frohnleichnamstag durch die hies. Stadt angetragen habe, und zugleich beauftraget worden, darüber zu berichten, ob es unter den jezigen Umständen wohl geeignet sey, eine Ausnahme von der Bestimmung des Art. 45 der Organischen Artikel vom 18ten Germinal Jahres 10 zu machen. Ich halte mich daher verpflichtet, meine Ansicht über diesen Gegenstand ganz freimüthig auszusprechen, wobey ich vor allem nicht verschweigen kann, daß derselbe einen sehr ernsten Eindruck auf mich gemacht und mich mit Besorgnissen erfüllt hat, die, wie ich glaube, durch die nachfolgenden Betrachtungen und, ohne mich von dem Standpunkte einer vernünftigen Toleranz, die überall auszuüben mein eifrigstes Bestreben ist, zu entfernen, gerechtfertigt werden.

Zunächst scheint es mir zur Beantwortung der Frage nothwendig zu seyn, die bisherige Stellung der Katholiken und Protestanten gegen einander, wie solche sich historisch in hiesiger Gemeinde gestaltet hat, näher zu berücksichtigen. Bekanntlich waren unsere frühern Landesherrn, die Grafen von Moers, eifrige Beförderer der Reformation und verschafften der neuen Lehre überall in den ihnen zugehörigen Ländern Eingang, so daß sich solche dort fast ausschließlich geltend machte. Auch die Gemeinde in Crefeld ging ganz zum Protestantismus über, so daß über ein Jahrhundert hier keine katholische Gemeinde bestand. Erst durch die allerhöchste Cabinetsorder vom 21. December 1743 erhielten die

---

2   LNAR, Regierung Düsseldorf Nr. 3782.

hier wohnenden Katholiken das Recht der freien Ausübung ihrer Religion, jedoch unter andern mit der ausdrücklichen Einschränkung, welche wörtlich also lautet, „daß sie ihren Gottesdienst in gebührender Stille abwarten und also unter was vor Praetext [d. h. Vorwand] es auch seyn möge, weder processiones in der Stadt und auf dem Lande noch außerhalb dem (zum Gottesdienst bestimmten) Schulhause, in welchem sie jedoch alle bey ihnen gebräuchliche Ceremonien mit denen Creutzen, Lichtern, Weihwasser beobachten können, dergl. öffentlich gebrauchen, sondern wenn das Sacrament bey einem Kranken gebracht werden muß, solches ohne Begleitung anderer Leute über die Straßen in aller Stille unter einem Mantel getragen, auch von Niemandem durch Klingen das Bücken oder Niederknien auf der Straße oder sonsten vor dasselbe einige Devotion zu bezeugen gefordert werden soll."

Als sie später durch die allerhöchste Kabinets-Order vom 30. May 1749 die Vergünstigung erhielten, eine Kirche in Crefeld erbauen zu dürfen, wurde wiederum ausdrücklich bestimmt, „daß sie sich der Concession vom 21. Decemb. 1743 als derselben Declaration vom 14. July folgenden Jahres überall gemäß zu verhalten und deren Inhalt auf das Genauste jederzeit zu befolgen, inmaaßen [d. h. wie] es dann im übrigen bey dieser Concession und derselben Declaration sein Bewenden behält, und die Meurische Regierung hierdurch nochmahlen befehligt wird, wohl zu vigiliren, daß denenselben nicht entgegen gehandelt werde." Diese gesezlichen Bestimmungen galten bis zur französischen Herrschaft und [es] wurde bis dahin jede Übertretung, die die Geistlichen auch damals schon versuchten, strenge geahndet, wie in dem hiesigen städtischen Archiv beruhende Akten deutlich ausweisen.

Die französische Herrschaft änderte in der gegenseitigen Stellung der Evangelischen und Katholiken nichts; im Gegentheil bestätigte sie durch ein Gesez den vorgefundenen

Zustand der Dinge und bestimmte in § 45 der Organischen Artikel des Vertrages vom 26. Messidor des Jahres 9, welche durch das Gesez vom 18. Germinal Jahres 10 proclamirt wurden: „Aucune cérémonie religieuse n'aura lieu hors des édifices consacrés au culte catholique dans les villes, où il y a des temples destinés à differens cultes."

Diese gesezlichen Bestimmungen bestehen bis auf den heutigen Tag noch in aller Kraft und haben auch durch die päpstliche Bulle ‚De salute animarum', die ihrer Natur nach nur in Betreff der Einrichtung der Katholischen Kirche neue Anordnungen feststellte, ohne das Verhältniß zu den Evangelischen nur zu berühren, keine Alteration [d. h. Änderung] erfahren, was auch noch ausdrücklich durch die allerhöchste Kabinetsorder vom 23. August 1821 bestätigt worden ist, indem dort der vorerwähnten Bulle nur die Sanction ertheilt worden ist „unbeschadet der Rechte der evangelischen Unterthanen und der evangelischen Kirche".

Es würde nun einen höchst schmerzlichen Eindruck auf die hiesigen evangelischen Einwohner machen, die sich von jeher und zu allen Zeiten durch große Anhänglichkeit und Liebe an das erlauchte Königl.-preuß. Haus ausgezeichnet haben, wenn der Status quo aufgehoben und man einem dreyhundertjährigen Herkommen und Recht entgegen, unter Aufhebung der desfalls bestehenden Bestimmungen und Verheißungen den hiesigen katholischen Einwohnern resp. deren Geistlichen die beantragte Concession jezt einräumen wollte, die nur dazu dienen würde, jene ungeeigneten Anmaßungen des Clerus zu befriedigen, die er in der neuren Zeit, wie leider Beyspiele genug vorliegen, so kühn zu entfalten und zu behaupten sucht, um den Protestantismus immer mehr zu bekämpfen und ihn der erworbenen Rechte zu berauben, welche er sich durch Verträge und unvordenklichen Besizstand zu bewahren gewußt hat, ohne daß hierdurch doch etwas Reelles für die Katholiken gewonnen werden würde.

Alle hiesige[n] öffentliche[n] Anstalten, obgleich sie hauptsächlich von den Protestanten gegründet und dotirt worden sind, stehen den Katholiken, die sich erst in den neueren Zeiten hier so ungemein stark vermehrt haben, zur gleichen Benuzung offen; niemals ist Verschiedenheit des Glaubens ein Grund gewesen, daß die Mildtätigkeit karge Gaben gespendet hat, und noch bis heute sind unsere reichen und wohlhabenden Einwohner, die sich mit wenigen Ausnahmen zu dem evangelischen Glauben bekennen, uneigennüzig darauf bedacht gewesen, durch Stiftungen mancher Art das materielle und geistige Wohl ihrer ärmern Mitbürger, ohne vorab ein Glaubensbekenntniß von ihnen zu verlangen, zu gründen, zu erhalten und zu fördern. Männer und Frauen haben in dieser Beziehung in gleicher Weise gewetteifert, und auf ihren Werken der Liebe und Barmherzigkeit hat unverkennbar des Himmels Segen geruht. Bisher haben die Einwohner aller Konfessionen hier friedlich nebeneinander gewohnt und sich gegenseitig mit der Achtung geduldet, wie es vernünftigen und wohlgesinnten Bürgern geziemt, und das Geheimniß, daß auch in einer Gemeinde aus gemischten Confessionen Frieden und Eintracht herrschen konnte, bestand darin, daß von jeder Seite alles vermieden wurde, was dem Andern Anstoß und Ärgerniß geben konnte. Alle Ostentationen, äußeres Gepränge, Singen und Beten auf öffentlichen Straßen ist von jeher gegen protestantische Grundsäze gewesen und diese Grundverschiedenheit zwischen den beiden Konfessionen hat auch die Zeit nicht ausgleichen können.

Durch das jüngst von den hiesigen Katholiken beantragte Bewilligen feierlicher Umzüge würden nun meiner innigen Überzeugung nach schroffe Gegensäze hervorgerufen, die Fackel der Zwietracht in eine bis jezt friedliche Gemeinde geworfen und die Veranlassung zu immer wiederkehrenden Reibungen werden. Solche feierlichen Prozessionen, wo sie erlaubt sind, verlangen, und mit Recht, wie jede andere öffentliche religiöse Handlung Devotion, Kniebeugen [und] Hutabziehen von derselben Beywohnenden oder Vorübergehenden. Hier, wo solche Umzüge nie Statt gefunden haben, würden die Evangelischen glauben, ihnen dieses verweigern zu müssen, um sich nichts zu vergeben, und schon dadurch würde die Zwietracht mit ihren bösen Folgen hervorgerufen werden. Die Erfahrung hat leider gelehrt, wie der Mensch alles für eine vorgefaßte religiöse Meinung, die öfters an Wahn gränzt, zu wagen und zu opfern bereit ist, wenn er sich auch in andern Sachen vieles gefallen läßt.

Ich bin überzeugt, daß, wenn der vorliegende Antrag, den ich selbstredend so lange als Geheimniß bewahre, bis Eine Königl. Hochlöbl. Regierung desfalls ein Anderes verfügt, hier kund würde, alle wenn auch sonst noch so tolerante hiesige Evangelische alle ihnen zu Gebot stehenden geszlichen Mittel anwenden würden, dagegen zu protestiren in dem festen Vertrauen, daß sie bey diesem Protest, der keinen andern Zweck hätte, als Ruhe, Ordnung und Eintracht hier ferner zu erhalten, von Einer Königl. Hochl. Regierung in einer Zeit, die diese Segnungen zu vernichten droht, unterstützt werden würden.

Der vorliegende Antrag scheint mir, je mehr ich darüber nachdenke, auch mit den Zweck zu haben, öffentlich den Beweis zu führen, daß die Katholiken, wenn sie sich auch lange vernünftige Beschränkungen haben gefallen lassen müssen, dennoch am Ende aus dem Kampfe siegreich hervorgehen müssen, ohne zu erwägen, daß der Frieden der ganzen Gemeinde darüber zu Grunde gehen kann und die Saat, die Eintracht und gegenseitiges wohlwollendes Zusammenwirken für Bürgerthum und Humanität hervorrufen ließ, ungeerntet vernichtet werde.

Aus diesen Gründen halte ich mich demnach verpflichtet, bey einer Königl. Hochlöbl. Regierung so dringend wie gehorsamst darauf anzutragen, daß die bestehenden Bestim-

mungen hinsichtlich der feierlichen Prozessionen hier in Kraft erhalten und der katholischen Gemeinde die beantragten öffentlichen Umzüge durch die Straßen der hiesigen Stadt nicht gestattet werden mögen.

3. Pfarrer Reinarz zu Krefeld an den Kölner Koadjutor v. Geissel am 20. Juli 1842[3]

Ich bin so frei, Ew. Erzbischöflichen Gnaden folgendes ehrfurchtsvoll vorzutragen und um hochgefällige Vermittlung zu bitten. Dahier fand seit der Reformation keine Frohnleichnamsprozession mehr Statt. Auch erfreute sich seitdem die Gemeinde keiner andern Prozession, außer daß sie vor einigen Jahren wohl einmal nach Kevelaer zog, was aber mit dem Jahre 1826, wo die übernachtenden Prozessionen von der geistlichen Behörde verboten wurden, aufgehört hat. Ebenso muß jede fremde Prozession, welche durch unsre Stadt ziehen will, sich gefallen lassen, ganz still ohne Gebet und ohne Gesang durchzuziehen, oder es begegnet ihr, was schon mancher Prozession zur tiefen Kränkung der Katholiken begegnet ist, sie wird von unserer Polizei angehalten. Um Ä[h]nliches nicht auch selbst erfahren zu müssen, machte ich vor einigen Tagen, wo ich beschlossen hatte, meine Gemeinde zur 1125jährigen Jubelfeier unseres Apostels, des h. Suitbertus, nach Kaiserswerth zu führen, dem hiesigen Herrn Landrathe Freiherrn von Raesfeldt zuvor davon Anzeige. Ich glaubte dabei, es würde nur dieser Anzeige bedürfen, um von ihm die Zusicherung zu erhalten, daß die Prozession [es] nicht nothwendig habe, erst vor der Stadt sich als solche zu geriren, sondern daß das gleich von der Kirche aus ge-

---

3   BDA, Gvo Krefeld/St. Dionysius Nr. 8,1; Druck: G. Schwamborn [Hrsg.]: Zum 80jährigen Bestehen der Krefelder Fronleichnamsprozession, S. 5 f.

schehen könne. Herr Landrath indeß berichtete noch eher an die Königliche Regierung zu Düsseldorf und von da her erfolgte unterm 4. h. der Bescheid, daß die Prozession ohne feierlichen Umgang durch andere Straßen der Stadt als die nach Kaiserswerth führenden gestattet werden könne.

So sehr dieser Bescheid mich auch freute, so unbehaglich ward es mir doch bei dem Gedanken, daß ich noch zuvor die Erlaubniß zu einem kirchlichen Zuge bedürfe, der allen andern [konfessionell] gemischten Gemeinden der Rheinprovinz ohne Weiteres gestattet ist. Zwar beruft sich die hiesige Polizei zu ihrer Ausweisung auf den Artikel 45 der organischen Bestimmungen, nach dessen Wortlaut an Orten, wo gemischter Cultus ist, keine religiöse Ceremonie außer[halb] der Kirche Statt finden soll. Allein nach meinem Dafürhalten ist dieser Artikel hier gar nicht maßgebend. Denn einestheils ist derselbe nie allgemein in Anwendung gekommen, vielmehr im Laufe der Zeit durch den entgegengesetzten Gebrauch abrogirt [d.h. außer Kraft gesetzt] worden, welcher entgegengesetzte Gebrauch sich noch dazu, selbst in gemischten Gemeinden, des Schutzes der Ortspolizei zu erfreuen hat; und anderntheils sagt uns auch der französische Cultusminister seiner Zeit, daß in diesem Artikel nicht liege, was man dahier zu Crefeld darin finden will. Denn als sich im Jahre 1808 der Consistorial-Präsident einer französischen Stadt beim damaligen Cultusminister über Beeinträchtigung der Freiheit seines Cultus beschwerte, weil im Widerspruch mit dem genannten Artikel eine Prozession bei seiner Kirche vorbeigeführt werden sollte, erwiederte der Herr Minister, daß grade die Freiheit des Cultus, die er für sich in Anspruch nehme, die aber auch den Katholiken gebühre, ihn verhindere, seine Beschwerde zu berücksichtigen und die beabsichtigte Prozession den Katholiken zu untersagen. So Hermens Handbuch der gesammten Staatsgesetzgebung über den christlichen Cultus, Band 1, Seite 500 ad 2.

Da also keine gesetzliche Bestimmung uns hindert, auch hierorts eine Prozession abhalten zu dürfen, vielmehr die bisher uns entgegengestellten Hindernisse lediglich ihren Grund hatten in der irrigen Auffassung eines Gesetzes, bitte ich Ew. Erzbischöflichen Gnaden ganz gehorsamst, an geeigneter Stelle es erwirken zu wollen, 1. daß uns die hiesige Polizei bei Abhaltung einer Prozession, namentlich der Frohnleichnamsprozession, nicht hinderlich entgegentrete, und 2., daß auch fremde Prozessionen, welche die bestehenden Verfügungen beachten und hier durchziehen wollen, ferner nicht mehr angehalten werden. Gegen diese Anträge wird um so weniger etwas einzuwenden sein, als doch selbst in überwiegend evangelischen Städten, u.a. Elberfeld, Barmen, solche kirchliche[n] Züge immer Statt gefunden haben und noch Statt finden, und Crefeld dazu der Mehrzahl nach katholisch ist. Denn von den 25.000 Einwohnern, welche die Stadt gegenwärtig zählt, bekennen sich mehr als 18.000 zur katholischen Kirche.

4. Der preußische Kultusminister Eichhorn an den Oberpräsidenten der Rheinprovinz am 6. Oktober 1842[4]

Ew. [Hochwohlgeboren] haben in dem gefäll. Berichte vom 16. Juli d.J. die ausdrückliche Aufhebung des art. 45 des organischen Gesetzes vom 18. Germinal X in Antrag gebracht, durch welchen bestimmt ist, daß in denjenigen Städten, wo Kirchen anderer Confessionen vorhanden sind, keine gottesdienstlichen Aufzüge außerhalb der katholischen Kirchen gehalten werden sollen. Mit Ew. [Hochwohlgeboren] bin ich darüber einverstanden, daß es bei den eigenthümlichen

---

4 GStA PK, I. HA Rep. 76 IV Sekt. 1 Abt. XIV Nr. 1 Bd. 2 im Entwurf.

Verhältnissen der dortigen Provinz, wo besonders am linken Rheinufer die katholische Bevölkerung die der Zahl nach bedeutend überwiegende ist, nicht wohl angeht, die Bestimmung des gedachten Gesetztes überall zur Ausführung zu bringen. Auch ist es bekannt, daß in der bei weitem größten Mehrzahl der linksrheinischen Städte, auf welche das Gesetz passen würde, die Durchführung desselben entweder niemals erfolgt oder doch den Katholiken die Gestattung der früher hergebrachten öffentlichen Prozessionen theils stillschweigend theils ausdrücklich wieder nachgegeben worden ist.

Desungeachtet trage ich Bedenken, auf den von Ew. [Hochwohlgeboren] gestellten Antrag einzugehen. Es erscheint nemlich im Allgemeinen nicht gerathen, in der gegenwärtigen Zeit, wo die verschiedenen Confessionen noch nicht aufgehört haben, einander mit Mißtrauen und Eifersucht zu beobachten, im Wege der Gesetzgebung in die bestehenden kirchlichen Verhältnisse u. Zustände anders als [d.h. außer] bei erwiesener dringender Nothwendigkeit einzugreifen. Noch weniger kann dies als angemessen betrachtet werden, wenn, wie in vorliegendem Falle, zu besorgen ist, daß die in Vorschlag gebrachte legislative Bestimmung als eine ausschließliche Begünstigung einer einzelnen Confession werde gedeutet werden können. Ohne Zweifel würde die Angelegenheit der öffentlichen Prozessionen, obwohl sie in der neueren aufgeregten Periode keine Veranlassung zu Mißhelligkeiten gegeben hat, durch eine derartige Bestimmung zum Gegenstande besonderer Aufmerksamkeit erhoben werden, und es könnten sich hieran leicht Erörterungen anreihen, welche besser unangeregt bleiben, um desto eher der Vergessenheit übergeben zu werden.

Noch kommt hinzu, daß die sogenannten organischen Artikel außerdem manches andere enthalten, was mit den Grundsätzen unserer Verfassung und der durch die Bulle De salute animarum herbeigeführten Organisation des kathol.

Kirchenwesens in Preußen nicht in Einklang zu bringen ist. Wenn es daher darauf ankommen könnte, in die katholischkirchlichen Zustände der dortigen Provinz in legislatorischem Wege einzugreifen, so würde es in jedem Falle zweckmäßiger sein, die gedachten Artikel in ihrer Gesammtheit einer Revision zu unterwerfen und das darin vorhandene Ungeeignete und Unpractische auf einmal auszuscheiden, als bei einer Modification oder Aufhebung einzelner isolirter Bestimmungen stehen zu bleiben. Aber auch eine solche umfassendere Revision ist, wie ich bereits bemerkt habe, für jetzt nicht als zeitgemäß zu betrachten.

Ew. [Hochwohlgeboren] ersuche ich demnach ergebenst, in den jedenfalls nur sehr selten eintretenden Fällen, wo die Anwendung des art. 45 in Frage kommen könnte, unter Berücksichtigung der obwaltenden Localverhältnisse das Geeignete verfügen und je nach den Umständen des grade vorliegenden einzelnen Falles so wie unter besonderer Beachtung des Grades von Verträglichkeit und Harmonie, der an dem in Betracht kommenden Orte unter den verschiedenen Confessionsverwandten obwaltet, über die zu Ihrer Cognition [d. h. Kenntnis] gelangenden Anträge entscheiden, bei besonderen Bedenken aber bei mir anfragen zu wollen.

5. Der Kirchenvorstand von Krefeld/St. Dionysius an den preußischen König Friedrich Wilhelm IV.[5]

Die gleiche Liebe, mit welcher Eure Königliche Majestät Allerhöchstderselben sämmtliche Landeskinder zu umfangen gewohnt sind, ermuthigt die Unterzeichneten, folgende

---

5 GStA PK, I. HA Rep. 76 IV Sekt. 1 Abt. XIV Nr. 1 Bd. 2; BDA, GvO Krefeld/St. Dionysius Nr. 8,1 in Abschrift; Druck: G. Schwamborn [Hrsg.]: Zum 80jährigen Bestehen der Krefelder Fronleichnamsprozession, S. 7 f.

unterthänigste Bitte ehrfurchtsvoll zu den Stufen des Throns niederzulegen.

Uralt und selbst in unsern liturgischen Büchern begründet ist in der katholischen Kirche der Gebrauch, daß zur Hebung des religiösen Gefühls der Gläubigen am Frohnleichnamsfeste eine Prozession ausgeführt werde. Bis zur Zeit der Reformation 1614 geschah das auch hier. Von der Zeit an aber mußte solches unterbleiben und erst im Jahre 1754, wo wir durch die Huld und Gnade des Hochseligen Königs Friedrich des Großen zum Besitz einer eigenen Pfarrkirche gelangten, war es uns wieder gestattet, einen ähnlichen, kleinern Frohnleichnamszug binnen den Ringmauern der Kirche abzuhalten. Die Gemeinde fühlte indeß dabei immer das Bedürfniß, gleich den übrigen benachbarten Gemeinden an besagtem Festtage Gott das Opfer der Anbetung im freien Tempel der Natur darbringen zu dürfen, was auch schon daraus sich ergibt, daß am jedesmaligen Frohnleichnamstage unser Gotteshaus auffallend leer erscheint, und alles, was nur kann, sich hinausdrängt, um in den benachbarten Gemeinden den festlichen Prozessionszügen sich anzuschließen.

Das Bedürfniß nach einem eigenen solchen Zuge wird von ihr aber noch um so tiefer gefühlt, als sie sieht, daß eine Einschränkung in diesem Stücke in andern Städten der Rheinprovinz, mit denen sie doch ganz in denselben Verhältnissen lebt, gar nicht gekannt wird, z. B. in Aachen, Coeln, Cleve, Düsseldorf, Wesel, ja selbst nicht einmal in solchen, deren Bewohner überwiegend evangelisch sind, namentlich in Elberfeld & Barmen.

Unsere unterthänigste Bitte geht demnach dahin: Eure Königliche Majestät wollen allergnädigst geruhen, auch für uns die hemmenden Schranken fallen zu lassen und das Königliche Wort auszusprechen, daß auch Allerhöchstihre katholischen Landeskinder in Crefeld sich hinfort einer Frohnleichnamsprozession durch die Stadt erfreuen dürfen.

Daß wir durch einen solchen Prozessionszug unsern evangelischen Mitbürgern beschwerlich werden sollten, glauben wir um so weniger, als wir einestheils mit ihnen in einem durchaus friedlichen und freundschaftlichen Verhältnisse leben und anderntheils auch dieselben mit sichtbarer Freude dem Prozessionszuge zusahen, den wir, nach vorher bei der Hochlöblichen Königlichen Regierung zu Düsseldorf eingeholter Erlaubniß, im vorletzten Jahre zur 1125jährigen Jubelfeier des h. Suitbertus nach dem uns nahen Städtchen Kaiserswerth machten. Der allergnädigsten Gewährung unserer unterthänigsten Bitte vertrauensvoll entgegensehend verharren wir in tiefster Unterwürfigkeit.

Die Petition trägt neun Unterschriften, darunter diejenige des Pfarrers Reinarz.

6. Pfarrer Reinarz zu Krefeld an den Kölner Koadjutor v. Geissel am 25. September 1844[6]

Ich erlaube mir, Ew. Erzbischöflichen Gnaden Folgendes in Bezug auf eine hier einzurichtende Frohnleichnamsprozession gehorsamst in Vortrag zu bringen. Bis dahin zog dahier keine Frohnleichnamsprozession durch die Stadt. Auf den allgemeinen Wunsch der Gemeinde suchte der Kirchenvorstand unterm 9. Juni c. in einer Immediat-Eingabe an des Königs Majestät die Gewährung einer solchen laut Anlage nach, erhielt aber darauf unterm 22. Juli c. den in Abschrift beiliegenden abschlägigen Bescheid. Ich traute kaum meinen Augen als ich ihn las, so zuversichtlich rechnete ich auf eine ganz entgegengesetzte Entscheidung. Indeß glaube ich doch auch jetzt noch nicht alle Hoffnung zur Erzielung eines andern günstigern Bescheides aufgeben zu müssen, zumalen der Entscheidung ein Grund beigegeben ist, der zu der Annahme

---

6   BDA, Gvo Krefeld/St. Dionysius Nr. 8,1.

nöthigt, daß man im Königlichen Hohen Ministerio mit der wahren Sachlage nicht vertraut sei, und wenn auch Erkundigungen darüber eingezogen worden wären, diese aus ganz trüber Quelle geflossen sein müßten. Im hohen ministeriellen Bescheide heißt es nämlich, es sei überhaupt Regel, daß an Orten von confessionell gemischter Bevölkerung solche feierliche[n] Umgänge nicht statt fänden, und [es] bildeten Aachen, Coeln etc. nur Ausnahmen von der Regel. Das ist nun offenbar unrichtig. Die Frohnleichnamsumzüge finden vielmehr allenthalben in der Rheinprovinz statt, gleichviel ob die Bevölkerung confessionell gemischt ist oder nicht; selbst an Orten, wo sie vordem einige Zeit über sistirt gewesen wie in Cleve und Wesel; nur Crefeld und Meurs bilden noch eine Ausnahme und [es] bildet Crefeld eine Ausnahme, obgleich von den 30.000 Einwohnern, die es zählt, 21.000 katholisch sind. Fragt man um den gesetzlichen Grund, warum Crefeld von dieser Regel eine Ausnahme mache, finde ich keinen. Wäre würklich in früherer Zeit eine Verfügung erlassen worden, die uns solche Züge untersagte, hätte dieselbe doch bei der Besitznahme dieser Provinzen durch die Franzosen in Folge der durch Letztere verkündigten Freiheit des Kultus ihre bindende Kraft verloren. Wäre nach Vertreibung der Franzosen so etwas verfügt worden, müßte diese Verfügung doch namhaft gemacht werden können. Das Einzige, worauf die hiesige Polizei basirte, als sie vor Jahren zur größten Entrüstung der Katholiken Crefelds und der ganzen hiesigen Gegend den nach Kevelaer durchziehenden fremden Prozessionen allerlei Hemmnisse in den Weg legte und was auch für das Verbot einer Frohnleichnamsprozession einen Scheingrund abgeben könnte, ist der Artikel 45 der organischen Bestimmungen. Derselbe lautet also: „Aucune cérémonie religieuse n'aura lieu hors des édifices consacrés au culte catholique dans les villes où il y a de[s] temples destinés à différens cultes." Von diesem Artikel sagt indeß Hermens in *seinem Handbuche der gesammten Staatsgesetzgebung über den christlichen Kultus, daß er auf den in Rede stehenden Fall keine Anwendung mehr habe. Im I. Band S. 499 heißt es nämlich:* „*Aus dieser polizeilichen Bestimmung folgte, daß in den größern Städten, wo es neben den katholischen Kirchen auch evangelische Gotteshäuser gibt, gar keine äußere[n] gottesdienstliche Ceremonien statt finden dürften, und so ergab sich für die andern Gemeinden und Ortschaften, worin noch keine evangelischen Kirchen errichtet waren, ein Vorrecht, was jenen Städten empfindlich sein mußte und bei den katholischen Staatsbürgern, die auch ihrer Seits Freiheit des Kultus erwarten durften, mit Grund Unzufriedenheit verursachte. Die Maßregel bildete eine Anomalie, die sich später in den Augen des Gouvernements selbst so auffallend darstellte, daß es nicht mehr Anstand nahm, im gerechten Vertrauen zu dem Geiste der Toleranz und des friedlichen Nebeneinanderlebens der Christen auch die äußern gottesdienstlichen Gebräuche stillschweigend zu gestatten. Zu diesen gehören bei den Katholiken die üblichen Prozessionen, die Austheilung des heiligen Abendmahls in den Wohnungen der Kranken und das Leichengepränge. Letzteres wurde auch von den Evangelischen in Anspruch genommen. Seit dem XII. Jahr der französischen Republik finden die äußern kirchlichen Ceremonien daher wieder Statt nach den Anordnungen der höhern Kirchenvorstände unter Genehmhaltung des Gouvernements und dem Schutze der Lokalpolizeibehörden.*"

Und auf S. 500 ad 2 sagt Hermens weiter: „*Eine Anrufung des Artikels 45 der organischen Bestimmungen über den kath. Kultus würde daher mit Grund zurückgewiesen werden, wie dieß schon im Jahre 1808 geschehen [ist], wo im französischen Staate ein Konsistorialpräsident sich über eine Verletzung des gedachten Gesetzartikels beschwerte, indem nämlich an seiner Kirche und zur Zeit, wo er Gottesdienst hielt, eine katholische Prozession vorüberzog.*"

Übrigens müßten Aachen, Bonn, Cöln, Düsseldorf und hundert andere Orte in der Rheinprovinz, wo gemischter Kultus sich vorfindet, ihre Frohnleichnamsprozession einstellen, wenn genannter Artikel würklich besagen soll, was unsere Ortspolizei damals darin finden wollte.

Wenn also kein gesetzlicher Grund namhaft gemacht werden kann, auf welchen hin uns eine Frohnleichnamsprozession untersagt werden dürfte, muß es uns doppelt unangenehm berühren, wenn sie uns dennoch untersagt wird, und sollte man, wenn man Ruhe und Ordnung weniger liebte, fast versucht werden zu bedauern, daß man nicht gethan habe, was einzelne Mitglieder des Kirchenvorstandes vorschlugen, nämlich die in Rede stehende Prozession als gesetzlich erlaubt nur ohne Weiteres auszuführen, grade so, wie es vor Jahren zur Zeit des seligen Pastors van Rossum zu Cleve geschah. Auf diesen Vorschlag mochte ich indeß zur Zeit nicht eingehen und zwar aus zweifachem Grunde. Erstens hatte ich alle Ursache zu befürchten, daß die Ortspolizei auf den oben angeregten Artikel 45 fußend uns in ipso actu hemmend entgegengetreten sein würde. Das hätte aber Unruhe, vielleicht noch Schlimmeres abgesetzt, und mich eventualiter dafür verantwortlich machen zu lassen, dazu fand ich mich nicht gedrungen. Und denn auch zweitens glaubte ich auf einem viel einfachern Wege zum Ziele zu kommen. Ich setzte nämlich das unbedingteste Vertrauen in die Liberalität unserer Landesbehörde und hielt dafür, die Sache brauche blos angeregt zu werden, um sie zu unsern Gunsten entschieden zu sehen. Der Erfolg hat indeß dieser meiner Erwartung nicht entsprochen, was ich gegenwärtig um so empfindlicher fühle, als dadurch unsre Sache offenbar schlimmer gestellt worden ist, denn nunmehr erscheint als verboten, was vordem noch als gesetzlich erlaubt vindizirt [d. h. beansprucht] *werden konnte.*

Bis auf diesen Augenblick habe ich unterdessen noch nicht gewagt, dem Kirchenvorstande den abschlägigen Bescheid vorzulegen; nur ließ ich hier und dort durchschimmern, daß die Sache noch immer nicht abgemacht sei. Und auf diese Äußerung hin, die nicht geheim geblieben ist, regt sich schon der allgemeine Unwille; was es erst geben würde, wenn es einmal dazu käme, das Aktenstück vorlegen zu müssen, daran mag ich nicht denken. Das Schlimmste dabei wäre noch immer dieses, daß der Unwille, den die Veröffentlichung des Erlasses nach sich ziehen wird, kein vorübergehender, sondern ein bleibender ist. Er wird nämlich für die Folge so oft auf's neue angefacht werden, als oft der Frohnleichnamstag wiederkehrt und zur Sommerzeit die vielen fremden Prozessionen auf ihrer Pilgerfahrt nach Kevelaer unter Sang und Klang durch unsre Stadt ziehen. Und [es] wird dieser Unwille noch um so größer sein, als die Katholiken Crefelds ihren evangelischen Mitbürgern gegenüber eine solche Zurücksetzung nicht verdienen. Denn untersagte der mehrangeregte Artikel 45 den Katholiken den öffentlichen Kultus außer[halb] der Kirche, so untersagte er solchen auch den Evangelischen und noch mehr den Mennoniten, die doch nur tolerirt sind. Und nun ziehen doch die Prediger der beiden genannten Gemeinden bei Leichenzügen und andern actus ministeriales in ihrer Amtstracht über unsere Straßen einher, ohne daß es einem Katholiken auch nur einfällt, darin etwas Gesetzwidriges zu sehen und dagegen zu remonstriren, ja ohne bis auf diesen Augenblick dasselbe Recht für sich auch nur in Anspruch genommen zu haben. An Remonstrationen gegen dieses öffentliche Auftreten Seitens der evangelischen Amtsbrüder wird es indeß in der Folge nicht fehlen, wenn uns eine Frohnleichnamsprozession untersagt bleiben soll.

Indem ich Ew. Erzbischöflichen Gnaden von dieser unangenehmen Vorkommenheit pflichtschuldigst Kenntniß gebe, erlaube ich mir zugleich die ergebenste Bitte, Hoch-

dieselben wollen die Gnade haben, mir anzugeben, was ich nunmehr vorkehren soll, um bei unseres Allergnädigsten Königs Majestät eine günstigere Entscheidung in oben besprochener Sache zu erzielen.

7. Pfarrer Reinarz zu Krefeld an den Kölner Koadjutor v. Geissel am 19. Oktober 1844[7]

Euer Erzbischöflichen Gnaden erlaube ich mir in Bezug auf eine nachgesuchte Erlaubniß zur Abhaltung einer Frohnleichnamsprozession in unserer Stadt Folgendes gehorsamst vorzutragen und um hochgefällige Vermittlung zu bitten.

Bisheran halten wir hier keine Frohnleichnamsprozession außer[halb] der Kirche. Auf den Wunsch der Gemeinde suchte der Kirchenvorstand unter dem 9. Juni c. in einer Immediateingabe an des Königs Majestät die Genehmigung zu einer solchen Prozession nach, erhielt aber darauf unter dem 22. Juli c. den in Abschrift beiliegenden abschlägigen Bescheid. Ich traute kaum meinen Augen, als ich ihn las; so zuversichtlich rechnete ich auf eine ganz entgegengesetzte Entscheidung.

So bestimmt indeß auch der Bescheid lautete, glaubte ich doch zur Erzielung eines andern, günstigern Bescheides noch nicht alle Hoffnung aufgeben zu dürfen, zumal der Entscheidung ein Grund beigegeben ist, der zu der Annahme nöthigt, daß man im hohen Königlichen Ministerium mit der wahren Sachlage nicht vertraut sei, und, sollten wirklich Erkundigungen über die hiesige Sachlage eingezogen worden sein, diese aus ganz trüben Quellen geflossen sein müßten. Im hohen ministeriellen Bescheide heißt es nämlich, es sei

---

7   BDA, Gvo Krefeld/St. Dionysius Nr. 8,1; Druck: G. Schwamborn [Hrsg.]: Zum 80jährigen Bestehen der Krefelder Fronleichnamsprozession, S. 9–12.

überhaupt Regel, daß an Orten von confessionell gemischter Bevölkerung solche feierliche[n] Umgänge nicht statt fänden, und [es] bildeten Aachen, Coeln etc. nur Ausnahmen von der Regel. Aber gerade das Umgekehrte ist Thatsache. In der Regel finden die Frohnleichnamsumzüge allenthalben in der Rheinprovinz statt, gleichviel ob die Bevölkerung confessionell gemischt ist oder nicht, selbst an Orten, wo sie früher einige Zeit lang sistirt gewesen sind wie in Cleve und Wesel; nur Crefeld und Meurs bilden noch eine Ausnahme und [es] bildet Crefeld eine Ausnahme, obgleich von den 30.000 Einwohnern, die es zählt, 21.000 katholisch sind. Fragt man um den gesetzlichen Grund, warum Crefeld von dieser Regel eine Ausnahme mache, so finde ich keinen. Wäre wirklich in früherer Zeit eine Verfügung erlassen worden, die für uns solche Züge unzulässig machte, so hätte dieselbe doch bei der Besitznahme dieser Provinzen durch die Franzosen in Folge der durch Letztere verkündigten Freiheit des Kultus ihre bindende Kraft verloren. Wäre noch nach Vertreibung der Franzosen eine solche Verfügung erlassen worden, müßte diese namhaft gemacht werden können. Die einzige Bestimmung, welche einem solchen Frohnleichnamszuge mit einigem Scheine entgegengestellt werden kann, ist der Artikel 45 der organischen Bestimmungen. Dieser lautet: „Aucune cérémonie religieuse n'aura lieu hors des édifices consacrés au culte catholique dans les villes où il y a des temples destinés à différens cultes." Von diesem Artikel sagt indeß Hermens in seinem Handbuche der gesammten Staatsgesetzgebung über den christlichen Kultus im I. Band S. 499 also: „Aus dieser polizeilichen Bestimmung folgte, daß in den größern Städten, wo es neben den katholischen Kirchen auch evangelische Gotteshäuser gibt, gar keine äußere gottesdienstliche Ceremonien statt finden durften, und so ergab sich für die andern Gemeinden und Ortschaften, worin noch keine evangelische Kirchen errichtet waren, ein Vorrecht, was jenen Städten empfindlich sein mußte und bei den katholischen Staatsbürgern, die auch ihrerseits Freiheit des Kultus erwarten durften, mit Grund Unzufriedenheit verursachte. Die Maßregel bildete eine Anomalie, die sich später in den Augen des Gouvernements selbst so auffallend darstellte, daß es nicht mehr Anstand nahm, im gerechten Vertrauen zu dem Geiste der Toleranz und des friedlichen Nebeneinanderlebens der Christen auch die äußern gottesdienstlichen Gebräuche stillschweigend zu gestatten. Zu diesen gehören bei den Katholiken die üblichen Prozessionen, die Austheilung des h. Abendmahls in den Wohnungen der Kranken und das Leichengepränge. Letzteres wurde auch von den Evangelischen in Anspruch genommen. Seit dem XII. Jahre der französischen Republik finden die äußern kirchlichen Ceremonien daher wieder Statt nach den Anordnungen der höhern Kirchenvorstände unter Genehmhaltung des Gouvernements und dem Schutze der Localpolizeibehörden."

Auf der Seite 500 ad 2 sagt Hermens weiter: „Wo wahre christliche Eintracht unter den Staatsbürgern herrscht, wie sie Staat und Kirche bezwecken sollen, und die Polizeibehörden mit den Kirchenvorständen in verständiger Übereinstimmung ihre Schuldigkeit thun, da wird durch die herkömmlichen anständigen religiösen Aufzüge, die jetzt allerdings einen Theil des gewöhnlichen, zu gewissen Zeiten wiederkehrenden Gottesdienstes ausmachen, in unserm Lande, wo man Gesetzlichkeit und Recht so hoch achtet, selten irgend ein gegründeter Anlaß zu einer Beschwerde gegeben werden. Eine Anrufung des Art. 45 der organischen Bestimmungen würde daher mit Grund zurückgewiesen werden, wie dies schon im Jahre 1808 geschehen [ist], wo im französischen Staate ein Consistorialpräsident sich über eine Verletzung des gedachten Gesetzartikels beschwerte. Der Kultusminister antwortete demselben: „J'ai reçu la lettre, que vous m'avez écrite le 13 août dernier à l'occasion de la procession du 15, qui devoit passer par la rue où se trouve le temple des luthériens, et à l'heure où s'y fait le service divin. Vous avez cru voir en cela une atteinte portée à la liberté du culte, garantie par les lois de l'état. Je regrette, Mr. le Président, de ne pouvoir faire droit à votre reclamation, et vous me trouverez toujours disposé dans toute autre occasion à seconder votre zèle pour le culte, que vous professez, mais ce seroit aller contre le principe de la liberté du culte, que vour invoquez, et contre ce qui se pratique dans le reste de l'Empire, que d'interdire le passage d'une procession catholique dans une rue, où il y a un temple protestant, d'autant plus qu'il est toujours facile à prendre des précautions pour que le culte n'y soit point gêné." [So weit das Zitat aus dem genannten Handbuch].

Übrigens müßten Aachen, Cöln, Düsseldorf, Bonn und hundert andere Orte in der Rheinprovinz, wo gemischter Kultus sich vorfindet, ihre Frohnleichnamsprozession einstellen, wenn genannter Artikel noch wirklich Rechtskraft haben sollte.

Indem sich also kein gesetzlicher Grund vorfindet, auf welchen hin uns eine Frohnleichnamsprozession untersagt werden dürfte, muß es uns doppelt unangenehm berühren, wenn sie uns dennoch untersagt wird, und sollte man, wenn man Ruhe und Ordnung weniger liebte, fast versucht werden zu bedauren, das nicht gethan zu haben, was einzelne Mitglieder des Kirchen-Vorstandes vorschlagen, nämlich die in Rede stehende Prozession als gesetzlich erlaubt nun ohne Weiteres auszuführen. Auf diesen Vorschlag mochte ich indeß zur Zeit nicht eingehen, und zwar aus einem zweifachen Grunde. Erstens hatte ich alle Ursache zu befürchten, daß die Ortspolizei auf den oben angeregten Artikel 45 fußend uns in ipso actu hemmend entgegengetreten sein würde. Das hätte aber Unruhe, vielleicht noch Schlimmeres abgesetzt, und mich eventualiter dafür verantwortlich machen zu lassen, dazu fand ich mich nicht gedrungen. Und zweitens glaubte ich auch auf einem viel einfachern und dabei weit sicherem Wege zum Ziele kommen zu können. Ich setzte nämlich das unbedingteste Vertrauen in die Liberalität unserer Landesbehörde und hielt dafür, die Sache brauche blos angeregt zu werden, um sie zu unsern Gunsten entschieden zu sehen.

Es ist indessen höhern Orts unserer Bitte nicht willfahrt worden, was ich gegenwärtig um so empfindlicher fühle, als dadurch unsere Sache offenbar schlimmer gestellt worden ist, und nunmehr als verboten erscheint, was vordem noch als gesetzlich erlaubt in Anspruch genommen werden konnte. Bis auf diesen Augenblick habe ich indessen noch nicht gewagt, dem Kirchenvorstande den abschlägigen Bescheid vorzulegen; nur ließ ich hier und dort durchschimmern, daß die Sache noch immer nicht entschieden sei und gar leicht noch Hindernisse auftauchen könnten. Und auf diese Äußerung hin, die nicht geheim geblieben ist, regt sich schon der Unwille bei Vielen der Gemeinde; was es erst werden würde, wenn ich einmal genöthigt sein sollte, den abschlägigen Bescheid selbst vorzulegen, daran mag ich lieber nicht denken. Und dieser Unwille wird noch um so andauernder sein, als alljährlich das Frohnleichnamsfest mit den trüben Erinnerungen, die sich dann für uns daran knüpfen, wiederkehrt, und um so größer und gerechter, als eben die Katholiken Crefelds ihren evangelischen Mitbürgern gegenüber eine solche Zurücksetzung wahrlich nicht verdienen. Denn untersagte der Artikel 45 den Katholiken den öffentlichen Kultus außer[halb] der Kirche, so untersagte er solchen doch auch den Evangelischen und noch mehr den Mennoniten, welche im Staate ohnehin nur tolerirt sind. Dessenungeachtet ziehen die Prediger der beiden genannten Gemeinden bei den actus ministeriales, insbesondere bei den Leichenzügen, in ihrer Amtskleidung über unsere Straßen einher, halten auf dem Friedhofe, der ein gemeinschaftlicher für die verschiedenen christlichen Confessionen ist, bei gutem Wetter am Grabe, bei schlechtem in dem Todtenhause ihre Leichenreden und senken unter Abbetung der Liturgie ihre Todten in die Gruft, und dieses Alles, ohne daß es dem katholischen Geistlichen bis dahin auch nur eingefallen wäre, darin etwas Gesetzwidriges zu suchen, und ohne bis auf den heutigen Tag bei katholischen Beerdigungen für sich auch nur etwas mehr in Anspruch genommen zu haben, als den Gebrauch des geistlichen Hauskleides, nämlich der Sutane und des Biretes. Anders aber würde derselbe die Sache ansehen müssen, wenn das öffentliche Kundgeben des katholisch-kirchlichen Lebens, insbesondere am Frohnleichnamsfeste, hier auf Hindernisse stoßen sollte.

Ich beehre mich, Vorstehendes Euer Erzbischöflichen Gnaden pflichtschuldigst mitzutheilen und verbinde damit die ergebene Bitte, Hochdieselben wollen die Gnade haben, die besprochene Sache für uns Allerhöchsten Orts aufs Neue in Anregung zu bringen und zu einem günstigeren Bescheide uns hochgefälligst zu verhelfen.

8. Pfarrer Reinarz zu Krefeld an den Kölner Erzbischof v. Geissel am 4. Juni 1848[8]

Durch die Ergebnisse der letzten Monate ist bei den Katholiken Crefelds die Sehnsucht nach einer Frohnleichnamsprozession aufs Neue erwacht. Mehrere Gemeindeglieder haben bei mir deßhalb Anträge gestellt und habe ich mich veranlaßt gefunden, bei unserm neuen Oberbürgermeister, der lojale Gesinnungen kund gibt, anzufragen, ob in polizeilicher Beziehung etwas obmovirt werden würde, wenn ich auf den Grund der in Aussicht gestellten freiern Bewegung der verschiedenen Confessionen eine Frohnleichnamspro-

---

8   BDA, Gvo Krefeld/St. Dionysius Nr. 8,1.

zession ausführen wollte. Herr Oberbürgermeister bemerkte, daß seinerseits nichts entgegenstände, daß er vielmehr einen solchen Zug gerne sähe und sich auch dieser Tage in einer Gesellschaft von mehreren hiesigen Protestanten ganz in diesem Sinne geäußert habe; indeß da bis jetzt dahier keine Frohnleichnamsprozession üblich gewesen, wünsche er, daß ich ihm meine Absicht, eine solche einzuführen, durch ein paar Zeilen anzeige, die er dann durch den Landrath der Königl. Regierung vorlegen wolle. Ich bemerkte ihm darauf, daß, da ich noch vor kurzem gelesen hätte, wie der Oberpräsident einem jungen Priester, den der Hochwürdigste Herr Bischof von Trier anstellen wollte, die Anstellung in der Trierer Diözese verweigert habe, indem derselbe sich anderwärts hätte weihen lassen, auch ich in meiner Angelegenheit einen abschlägigen Bescheid von der Königlichen Regierung befürchten müsse, indem ein früherer uns gewordener abschlägiger Bescheid Seitens des Königs sich zu Düsseldorf in Abschrift vorfinde, und solchen entgegenzunehmen hätte ich keine Lust. Könnte der Herr Oberbürgermeister selbst mir die nöthige Sicherstellung nicht geben, würde ich für dieses Jahr auf die Prozession verzichten, aber auch der Gemeinde anzeigen, warum dieses geschehe. Da ich indeß die Pfarrgenossen mit einer kleinen Prozession um die Kirche herum, bei welcher etwa eine Station auf dem Dionysiusplatz, die andere auf dem Johannesplatz und die zwei übrigen in der Kirche abgehalten würden, gern überraschen und erfreuen möchte, erlaube ich mir bei Ew. Erzbischöflichen Gnaden gehorsamst anzufragen, 1mo, ob Hochdieselben diesen Gedanken billigen, und wenn das der Fall wäre, ob Sie sich 2do in Ihrem Verhältnisse veranlaßt finden, die Bedenklichkeiten, die einem solchen Zuge hierorts entgegenstehen, beim Königlichen Ministerium noch zur Zeit aus dem Wege zu räumen.

9. Der Kölner Erzbischof v. Geissel an Pfarrer Reinarz zu Krefeld am 10. Juni 1848[9]

Sogleich nach Empfange Ihrer Zuschrift vom 4ten dieses [Monats] habe ich mit dem lebhaften Wunsche, Ihr darin mitgetheiltes Project, den frommen Pfarrgenossen zu Crefeld endlich einmal die religiöse Freude einer öffentlich abgehaltenen Frohnleichnamsprozession zu verschaffen, so viel immer nur möglich von meiner Seite zu unterstützen, mehrfache Schritte gethan, um die früher entgegenstehenden staatspolizeilichen Hindernisse zu beseitigen. Das Resultat meiner deßfallsigen Bemühungen ist jedoch zur Zeit nicht günstig ausgefallen, da man einerseits bei der jetzigen noch so ungewissen Lage der Dinge interimistische, in das Hergebrachte tief eingreifende und äußerlich auffallende Veränderungen nicht auf seine Verantwortlichkeit nehmen will, und anderseits selbst gutgesinnte Katholiken es bedenklich finden, wenn in äußerlichen kirchlichen Dingen kurzweg via facti vorangegangen würde, weil dadurch das Mißtrauen der Protestanten gegen vorgebliche eigenmächtige kath. Übergriffe, welches ohnehin rege ist, nur verstärkt würde. Es unterliegt keinem Zweifel, wir müßen die unbedingte kirchliche Freiheit auch in Anordnung von Processionen bei der Nationalversammlung beantragen (sie wird in Kurzem zur Debatte kommen) und wir werden sie, so Gott will, auch durchsetzen. Allein es wird einen harten Kampf kosten, da die protest. Abneigung gegen solche äußern kath. Gottesdienstübungen groß ist. Darum dürfte es auch wohl zu beherzigen sein, ob es klug sey, dieser Abneigung gerade jetzt neue Waffen durch frische Vorfälle, welche man mit Vortheil gegen uns auszubeuten suchen wird, in die Hand zu geben. Vielleicht ist

---

9 BDA, Gvo Krefeld/St. Dionysius Nr. 8,1 im eigenhändigen Entwurf des Erzbischofs.

es förderlicher für die gute Sache, noch in Geduld zu warten, da, wie ich vertraue, im nächsten Jahr, wenn einmal unbedingte Kirchenfreiheit verfassungsmäßig festgestellt ist, es einzig nur in dem freien Ermessen der Katholiken liegen wird, in welcher Weise und Ausdehnung sie ihre öffentliche Frohnleichnamsprocession führen wollen. Eine kleine Procession, wie Ew. Hochwürden sie in Ihrem Schreiben andeuten, für dieses Jahr schon abzuhalten, würde sonach vielleicht nur in dem Falle rathsam seyn, wenn mit Gewißheit vorauszusehen ist, daß deren Abhaltung kein besonderes Aufsehen macht und daß nicht die dadurch aufgeregten Protestanten darüber sogleich an die preuß. Deputirten hieher berichten und diese zu größerem Widerstand aufreitzen, wenn die allgemeine Frage über diesen Gegenstand in der Nationalversammlung zur Verhandlung kommt. Ich muß es daher der wohl bewährten Pastoralklugheit Ew. Hochwürden anheimgeben, ob Sie nach Würdigung der dortigen allgemeinen Stimmung eine kleine Procession abhalten oder dieselbe an diesem Jahr noch aussetzen wollen.

Quellen- und Literaturverzeichnis

Akten

- Bischöfliches Diözesanarchiv Aachen (= BDA)
  - Gvo Krefeld/St. Dionysius Nr. 8,1
- Geheimes Staatsarchiv Preußischer Kulturbesitz (= GStA PK)
  - I. HA Rep. 76 Kultusministerium, IV Sekt. 1 Abt. XIV Nr. 1 Bd. 2
  - I. HA Rep. 77 Innenministerium, Tit. 413 Nr. 95
- Landesarchiv Nordrhein-Westfalen, Abteilung Rheinland (= LNAR)
  - Regierung Düsseldorf Nr. 3782 u. Nr. 29134
- Stadtarchiv Krefeld (=StAKr)
  - Bestand 3 Nr. 486
  - Bestand 4 Nr. 1496

Quellendrucke und Sekundärliteratur

Altgeld, Wolfgang: Katholizismus, Protestantismus, Judentum. Über religiös begründete Gegensätze und nationalreligiöse Ideen in der Geschichte des deutschen Nationalismus. Mainz 1992. (Veröffentlichungen der Kommission für Zeitgeschichte : Reihe B, Forschungen, Bd. 59).

Anderson, Margaret Lavinia: Anatomy of an election. Anti-Catholicism, antisemitism und social conflict in the era of Reichsgründung und Kulturkampf. In: Raasch, Markus / Hirschmüller, Tobias [Hrsg.]: Von Freiheit, Solidarität und Subsidiarität. Staat und Gesellschaft der Moderne in Theorie und Praxis. Berlin 2013. (Beiträge zur politischen Wissenschaft, Bd. 175), S. 39–95.

—: The Kulturkampf and the course of German history. In: Central European history 19 (1986), S. 82–115.

—: Liberalismus, Demokratie und die Entstehung des Kulturkampfes. In: Lill, Rudolf / Traniello, Francesco [Hrsg.]: Der Kulturkampf in Italien und in den deutschsprachigen Ländern. Berlin 1993. (Schriften des Italienisch-Deutschen Instituts in Trient, Bd. 5), S. 109–125.

Bär, Max: Die Behördenverfassung der Rheinprovinz seit 1815. 2. Nachdruck der Ausg. Bonn 1919. Düsseldorf 1998. (Publikationen der Gesellschaft für Rheinische Geschichtskunde, Bd. 35).

Becker, Winfried: Bürgerliche Freiheit und Freiheit der Kirche im Epochenjahr 1848. In: Jahres- und Tagungsbericht der Görres-Gesellschaft Jg. 1998, S. 47–69.

Becker, Winfried: Der Kulturkampf als europäisches und als deutsches Phänomen. In: Historisches Jahrbuch 101 (1981), S. 422–446.

Bennette, Rebecca Ayako: Threatened Protestants. Confessional conflict in the Rhine Province and Westphalia during the nineteenth century. In: German history 26 (2008), S. 168–194.

Besouw, Rudolf: Johann Heinrich Gottfried Reinarz, Oberpfarrer und Landdechant in Krefeld (1796–1875). Ein Beitrag zur Kirchen- und Stadtgeschichte Krefelds. In: Krefelder Studien. Bd. 1. Krefeld 1873, S. 127–205.

—: Johann Heinrich Gottfried Reinarz, Oberpfarrer von St. Dionysius von 1825 bis 1863. In: Katholisches Krefeld. Streiflichter aus Geschichte und Gegenwart. [Bd. 1]. Krefeld 1974, S. 347–377.

Blaschke, Olaf: Die Inkubationszeit konfessioneller Intoleranz im frühen 19. Jahrhundert. In: Mattioli, Aram [u. a.] [Hrsg.]: Intoleranz im Zeitalter der Revolutionen. Europa

1770–1848. Zürich 2004. (Kultur – Philosophie – Geschichte, Bd. 1), S. 189–209.

—: Das Zweite konfessionelle Zeitalter. Ein Deutungsangebot für Katholizismus- und Sozialhistoriker. In: Horstmann, Johannes / Liedhegener, Antonius [Hrsg.]: Konfession, Milieu, Moderne. Konzeptionelle Positionen und Kontroversen zur Geschichte von Katholizismus und Kirche im 19. und 20. Jahrhundert. Schwerte 2001. (Akademie-Vorträge, Bd. 47), S. 27–78.

— [Hrsg.]: Konfessionen im Konflikt. Deutschland zwischen 1800 und 1970 – ein zweites konfessionelles Zeitalter. Göttingen 2002.

Borutta, Manuel: Antikatholizismus. Deutschland und Italien im Zeitalter der europäischen Kulturkämpfe. Göttingen 2010. (Bürgertum, N.F. Bd. 7).

Browe, Peter: Die Entstehung der Sakramentsprozessionen. In: Ders.: Die Eucharistie im Mittelalter. Liturgiehistorische Forschungen in kulturwissenschaftlicher Absicht. Münster [u.a.] 2003. (Vergessene Theologen, Bd. 1), S. 459–474.

Butter, Michael: „Nichts ist, wie es scheint." Über Verschwörungstheorien. Berlin 2018.

Caumanns, Ute / Niendorf, Mathias [Hrsg.]: Verschwörungstheorien. Anthropologische Konstanten – historische Varianten. Osnabrück 2001. (Einzelveröffentlichungen des Deutschen Historischen Instituts Warschau, Bd. 6).

Clark, Christopher: Kulturkampf und europäische Moderne. In: Reuter, Astrid / Kippenberg, Hans G. [Hrsg.]: Religionskonflikte im Verfassungsstaat. Göttingen 2010, S. 23–65.

Clark, Christopher / Kaiser, Wolfram [Hrsg.]: Kulturkampf in Europa im 19. Jahrhundert. Leipzig 2003. (Comparativ, Jg. 2002 H. 5/6).

Deisel, Frank: [Kirchen, Konfessionen, religiöses Leben in] Alt-Krefeld. In: Feinendegen, Reinhard / Vogt, Hans [Hrsg.]: Krefeld. Die Geschichte der Stadt. Bd. 4, Kirchen-, Kultur-, Baugeschichte (1600–1900). Krefeld 2003, S. 15–119.

Dietrich, Tobias: Konfession im Dorf. Westeuropäische Erfahrungen im 19. Jahrhundert. Köln [u.a.] 2004. (Industrielle Welt, Bd. 65).

Dittrich, Lisa: Antiklerikalismus in Europa. Öffentlichkeit und Säkularisierung in Frankreich, Spanien und Deutschland (1848–1914). Göttingen 2014. (Religiöse Kulturen im Europa der Neuzeit, Bd. 3).

Dowe, Christopher: Antikatholizismus an den Universitäten des Deutschen Kaiserreichs (1870–1914). Ein Aufriss. In: Historisches Jahrbuch 133 (2013), S. 76–122.

Felbecker, Sabine: Die Prozession. Historische und systematische Untersuchungen zu einer liturgischen Ausdruckshandlung. Altenberge 1995. (Münsteraner theologische Abhandlungen, Bd. 39).

Friedrich, Martin: Die Anfänge des neuzeitlichen Staatskirchenrechts. Vom preußischen Allgemeinen Landrecht (1794) bis zur Paulskirchenverfassung (1848/49). In: Brakelmann, Günther [u.a.] [Hrsg.]: Auf dem Weg zum Grundgesetz. Beiträge zum Verfassungsverständnis des neuzeitlichen Protestantismus. Münster 1999. (Entwürfe zur christlichen Gesellschaftswissenschaft, Bd. 10), S. 13–29.

Gerschler, Walter: Das preußische Oberpräsidium der Provinz Jülich-Kleve-Berg, 1816–1822. Köln [u.a.] 1967. (Studien zur Geschichte Preußens, Bd. 12).

Gross, Michael B.: The war against Catholicism. Liberalism and the anti-catholic imagination in nineteenth-century Germany. Ann Arbor 2004.

Hafner, Johann E.: Monstranz – Gott zeigen. Das Fronleichnamsfest aus systemtheoretischer Perspektive. In: Zeitschrift für Religions- und Geistesgeschichte 60 (2008), S. 20–40.

Hangebruch, Dieter: Krefeld unter oranischer und unter preußischer Herrschaft. In: Feinendegen, Reinhard / Vogt, Hans [Hrsg.]: Krefeld. Die Geschichte der Stadt. Bd. 2, Von der Reformationszeit bis 1794. Krefeld 2000, S. 111–252.

Hegel, Eduard: Das Erzbistum Köln zwischen der Restauration des 19. und der Restauration des 20. Jahrhunderts, 1815–1962. Köln 1987. (Geschichte des Erzbistums Köln, Bd. 5).

Heinz, Andreas: Die sonn- und feiertägliche Pfarrmesse im Landkapitel Bitburg-Kyllburg der alten Erzdiözese Trier von der Mitte des 18. bis zur Mitte des 19. Jahrhunderts. Trier 1978. (Trierer theologische Studien, Bd. 34).

Hepfer, Karl: Verschwörungstheorien. Eine philosophische Kritik der Unvernunft. 2. Auflage. Bielefeld 2017.

Hermens, Franz P. [Hrsg.]: Handbuch der gesammten Staats-Gesetzgebung über den christlichen Kultus und über die Verwaltung der Kirchengüter und Einkünfte in den Königl. Preuß. Provinzen am linken Rheinufer. Bd. 1. Aachen [u.a.] 1833.

Huber, Ernst Rudolf: Deutsche Verfassungsgeschichte seit 1789. Bd. 3, Bismarck und das Reich. 3., wesentlich überarb. Auflage. Stuttgart [u.a.] 1988.

Hübinger, Gangolf: Confessionalism. In: Chickering, Roger [Hrsg.]: Imperial Germany. A historiographical companion. Westport 1996, S. 156–184.

Kaiser, Wolfram: Kampf den Ultramontanen. Der Antiklerikalismus im Kulturkampf der zwei Europa. In: Clark, Christopher / Kaiser, Wolfram [Hrsg.]: Kulturkampf in

Europa im 19. Jahrhundert. Leipzig 2003. (Comparativ, Jg. 12 H. 5/6), S. 38–62.

Köhle-Hezinger, Christel: Evangelisch-katholisch. Untersuchungen zu konfessionellem Vorurteil und Kritik im 19. und 20. Jahrhundert vornehmlich am Beispiel Württembergs. Tübingen 1976. (Untersuchungen des Ludwig-Uhland-Instituts der Universität Tübingen, Bd. 40).

Kriedte, Peter: Eine Stadt am seidenen Faden. Haushalt, Hausindustrie und soziale Bewegung in Krefeld in der Mitte des 19. Jahrhunderts. Göttingen 1991. (Veröffentlichungen des Max-Planck-Instituts für Geschichte, Bd. 97).

Krull, Lena: Prozessionen in Preußen. Katholisches Leben in Berlin, Breslau, Essen und Münster im 19. Jahrhundert. Würzburg 2013. (Religion und Politik, Bd. 5).

Landau, Peter: Die Entstehung des neueren Staatskirchenrechts in der deutschen Rechtswissenschaft der zweiten Hälfte des 19. Jahrhunderts. In: Schieder, Wolfgang [Hrsg.]: Religion und Gesellschaft im 19. Jahrhundert. Stuttgart 1993. (Industrielle Welt, Bd. 54), S. 29–61.

—: Das Kirchenrecht des Allgemeinen Landrechts für die Preußischen Staaten im 19. Jahrhundert. In: Dölemeyer, Barbara / Mohnhaupt, Heinz [Hrsg.]: 200 Jahre Allgemeines Landrecht für die preußischen Staaten. Wirkungsgeschichte und internationaler Kontext. Frankfurt am Main 1995. (Ius commune : Sonderhefte, Bd. 75), S. 145–185.

Lappenküper, Ulrich [u. a.] [Hrsg.]: Europäische Kulturkämpfe und ihre gegenwärtige Bedeutung. Paderborn 2017. (Wissenschaftliche Reihe [der] Otto-von-Bismarck-Stiftung, Bd. 24).

Lentz, Hubert: Die Konkurrenz des französischen und preußischen Staatskirchenrechts 1815–1850 in Bezug auf die katholische Kirche in den vormals preußischen Landesteilen westlich des Rheins. Bonn 1961. (Schriften zur Rechtslehre und Politik, Bd. 27).

Lill, Rudolf / Traniello, Francesco [Hrsg.]: Der Kulturkampf in Italien und in den deutschsprachigen Ländern. Berlin 1993. (Schriften des Italienisch-Deutschen Historischen Instituts in Trient, Bd. 5).

Lüdtke, Alf: „Gemeinwohl", Polizei und „Festungspraxis". Staatliche Gewaltsamkeit und innere Verwaltung in Preußen, 1815–1850. Göttingen 1982. (Veröffentlichungen des Max-Planck-Instituts für Geschichte, Bd. 73).

Maur, Hansjörg auf der: Feiern im Rhythmus der Zeit I. Herrenfeste in Woche und Jahr. Regensburg 1983. (Gottesdienst der Kirche, Bd. 5).

Mergel, Thomas: Konfessionelle Grenzen und überkonfessionelle Gemeinsamkeiten im 19. Jahrhundert. Europäische Grundlinien. In: Juneja, Monica / Pernau, Margrit [Hrsg.]: Religion und Grenzen in Indien und Deutschland. Auf dem Weg zu einer transnationalen Historiographie. Göttingen 2008, S. 79–104.

Moser, Dietz-Rüdiger: Jahreslauf und Feste. In: Dinzelbacher, Peter [Hrsg.]: Handbuch der Religionsgeschichte im deutschsprachigen Raum. Bd. 5, 1750–1900. Paderborn [u.a.] 2007, S. 355–410.

Müller, Winfried: Nach der Aufklärung. Die These vom 19. Jahrhundert als zweitem konfessionellen Zeitalter. In: Rosseaux, Ulrich / Poppe, Gerhard [Hrsg.]: Konfession und Konflikt. Religiöse Pluralisierung in Sachsen im 18. und 19. Jahrhundert. Münster 2012, S. 221–232.

Nipperdey, Thomas: Deutsche Geschichte 1800–1866. Bürgerwelt und starker Staat. München 1983.

Peglow, Stefan: Die Krefelder Fronleichnamsprozession. In: Geschichte im Bistum Aachen 3 (1996), S. 180–221.

Pfülf, Otto: Cardinal von Geissel. 2 Bde. Freiburg im Br. 1895 bzw. 1896.

Pipes, Daniel: Verschwörung. Faszination und Macht des Geheimen. München 1998.

Rauscher, Anton [Hrsg.]: Probleme des Konfessionalismus in Deutschland seit 1800. Paderborn [u. a.] 1984. (Beiträge zur Katholizismusforschung : Reihe B, Abhandlungen).

Reinalter, Helmut [Hrsg.]: Verschwörungstheorien. Theorie – Geschichte – Wirkung. Innsbruck 2002. (Quellen und Darstellungen zur europäischen Freimaurerei, Bd. 3).

Rosenkranz, Edmund: Die Kirchen- und Schulpolitik der Düsseldorfer Regierung in den Jahren 1820–1840. Johann Vinzenz Josef Bracht (1771–1840). In: Düsseldorfer Jahrbuch 52 (1966), S. 1–76.

Roth, Andreas: Das Konkordat von 1801. Werden, Bedeutung und Auswirkungen. In: Rödel, Walter G. / Schwerdtfeger, Regina E. [Hrsg.]: Zerfall und Wiederbeginn. Vom Erzbistum zum Bistum Mainz (1792/97–1830). Würzburg 2002. (Beiträge zur Mainzer Kirchengeschichte, Bd. 7), S. 103–124.

Rottenburger Jahrbuch für Kirchengeschichte 15 (1996) [enthält die Vorträge einer Tagung zum Thema ‚Kulturkampf und Kulturkämpfe'].

Schrörs, Heinrich: Hermesianische Pfarrer. In: Annalen des Historischen Vereins für den Niederrhein 103 (1919), S. 76–183.

Schwaiger, Georg [Hrsg.]: Zwischen Polemik und Irenik. Untersuchungen zum Verhältnis der Konfessionen im späten 18. und frühen 19. Jahrhundert. (Studien zur Theologie und Geistesgeschichte des Neunzehnten Jahrhunderts, Bd. 31).

Schwamborn, Gregor: Zum 80jährigen Bestehen der Krefelder Fronleichnamsprozession. Krefeld [um 1929].

Smith, Helmut Walser: German nationalism and religious conflict. Culture, ideology, politics 1870–1914. Princeton 1995.

Speth, Volker: Der Kampf um den öffentlichen Raum. Prozessionen, Wallfahrten, Feierlichkeiten bei Bischofsbesuchen und sonstige religiöse Feste im nördlichen Rheinland während des Kulturkampfes. Frankfurt am Main 2015.

—: Der Kampf um Gläubige und Kinder. Das Mischehenwesen im Rheinland im 19. Jahrhundert. 2 Bde. Berlin 2018.

—: Katholische Aufklärung und Ultramontanismus, Religionspolizey und Kultfreiheit, Volkseigensinn und Volksfrömmigkeitsformierung.

Teil 1, Die kirchliche Wallfahrtspolitik im Erzbistum Köln. 2., überarb. u. erw. Auflage. Frankfurt am Main [u. a.] 2015. (Europäische Wallfahrtsstudien, Bd. 7).

Teil 2, Die staatliche Wallfahrtspolizey im nördlichen Rheinland. Frankfurt am Main 2011. (Europäische Wallfahrtsstudien, Bd. 8).

—: Kulturkampf und Volksfrömmigkeit. Die Diskussion im preußischen Staatsministerium und in der preußischen Verwaltungselite über die staatliche Repression des Wallfahrts- und Prozessionswesens im Kulturkampf. Frankfurt am Main 2013. (Europäische Wallfahrtsstudien, Bd. 11).

Stamm-Kuhlmann, Thomas: König in Preußens großer Zeit. Friedrich Wilhelm III., der Melancholiker auf dem Thron. Berlin 1992.

Stolleis, Michael: Geschichte des öffentlichen Rechts in Deutschland. Bd. 2. München 1992.

Stratmann, Wilhelm: Politik und Verwaltung in Alt-Krefeld. In: Feinendegen, Reinhard / Vogt, Hans [Hrsg.]: Krefeld. Die Geschichte der Stadt. Bd. 3, Von der Franzosenzeit bis zum Ende des Ersten Weltkriegs (1794–1918). Krefeld 2006, S. 81–300.

Ulrich, Jochen: Wirtschaft und Gesellschaft in Alt-Krefeld. In: Feinendegen, Reinhard / Vogt, Hans [Hrsg.]: Krefeld. Die Geschichte der Stadt. Bd. 3, Von der Franzosenzeit bis zum Ende des Ersten Weltkriegs (1794–1918). Krefeld 2006, S. 341–480.

Verucci, Guido: Antiklerikalismus und Laizismus in den Jahren des Kulturkampfes. In: Lill, Rudolf / Traniello, Francesco [Hrsg.]: Der Kulturkampf in Italien und in den deutschsprachigen Ländern. Berlin 1993. (Schriften des Italienisch-Deutschen Historischen Instituts in Trient, Bd. 5), S. 27–56.

Vosen, Klaus-Peter: Die katholische Kirche und die Altkatholiken in Alt-Krefeld. In: Feinendegen, Reinhard / Vogt, Hans [Hrsg.]: Krefeld. Die Geschichte der Stadt. Bd. 4, Kirchen-, Kultur-, Baugeschichte (1600–1900). Krefeld 2003, S. 183–258.

Weiß, Dieter J.: Prozessionsforschung und Geschichtswissenschaft. In: Jahrbuch für Volkskunde N.F. 27 (2004), S. 63–79.

Werner, Yvonne Maria / Harvard, Jonas [Hrsg.]: European anti-Catholicism in an comparative and transnational perspective. Amsterdam 2013. (European studies, Bd. 31).

Wippermann, Wolfgang: Agenten des Bösen. Verschwörungstheorien von Luther bis heute. Berlin 2007.

Zeeden, Ernst Walter: Die katholische Kirche in der Sicht des deutschen Protestantismus im 19. Jahrhundert. In: Historisches Jahrbuch 72 (1953), S. 433–456.

Zwirner, Heinrich: Die Entstehung der Selbstbestimmungsgarantie der Religionsgesellschaften i. J. 1848/49. In: Zeitschrift der Savigny-Stiftung für Rechtsgeschichte, Bd. 104 = Kanonistische Abteilung, Bd. 73), S. 210–295.